Ex libris Bibliothecæ quam Illus:
trissimus Ecclesiæ Princeps. D.
PETRUS DANIEL HUETIUS
Episc. Abrincensis Domui Professæ
Paris. P.P. Soc. Jesu Integrã vivens donavit
An. 1692.

XVII.   E

Jean Meschinot a esté auteur de ce livre. Voy la Croix du Maine, p. 248.

Y. 4566.
A.

Ye   1685

La Ievnesse
dv banni de liesse.
Epiſtre premiere à vng ſien amy.

V
Ng iour de May, aux armes gra
cieulx,
Clair & luyſant, de cueur ſola-
cieux
Que i'auoye lors, combien que
coustume
m'eſmouuoir eſtoit plus dur qu'enclume,
proposay me conduire en l'umbrage
d'ung floriſſant, & ſouef verd boucaige
Pour à mes maulx ioindre vng peu d'allegeäce

Ne extra hanc Bibliothecam efferatur.
Ex obedientiâ.

Qui leur cueur triste auoiét soubz leur puissāc(e)
Ia se leuoit la tant claire Aurora
Donnant splendeur à la belle Flora
Qui de sa torce auoit ia reuestus
Tous arbrisseaulx par l'hyuer deuestus
Qui en ce lieu plus odorant que basme
Sont apparens, dont commence mon carme.
Declaire vng peu quel lieu ce fut. O muse,
Sans te monstrer trop bresue ne confuse,
Donecques ce lieu, ou tout plaisir abonde
N'a son second, ne semblable en ce monde
Et me sembloit consideré son estre
Non different du Paradis terrestre
Oultrepassant le lieu des Hesperides,
Semblablement celuy des Pierides.
Tant il estoit de grand formosité
Enuironné par bonne equalité
De clairs fossez, ou croissent haultz cypres
Que en rondeur s'entresuyuent de pres
Et au dedens ce lieu champestre vert
Estre ie voys de maint laurier couuert
Rendant odeur plus beaucoup soueraine.
Que la liqueur des dieux nectarienne
Ie fuz vng peu, considerant la grace
De ces lauriers qui toute aultre surpasse

Dont toutesfois entre iceulx ie compris
Vng qui, sans doubte, emportoit loz & pris
Qui au meilleur de ce lieu desiré
Apparoissoit, des aultres separé:
Dessus lequel, oyseau de toute sorte
Incessamment, pour chanter se transporte
Et chascun d'eulx à haulte voix s'applique
Pour faire accord, approchant de musique,
Rossignoletz, & le Pinson ramaige
Qui en ce lieu de gringoter font raige,
Chardoneretz, Calandes, & Serins
Melodieux, & Linotz souuerains,
Tarins, Bruans, Mesanges, Turterelles
Faisans accordz, & chansons immortelles:
Ce laurier donc estoit seul, ce me semble,
Plus odorant que les aultres ensemble:
Lors quand sur luy i'euz arresté mes yeulx,
Comme celuy qu'il rendoit curieux
De sa grandeur d'elegante facture,
Plus pres approche & voys vne escripture
En icelluy grauée si proprement
Que ie la dis faicte diuinement.
Ce n'estoit pas vne lettre dorée,
Ce n'estoit pas vne lettre azurée
D'homme mortel venant de la doctrine:

B ii

Mais c'estoit bien escripture diuine:
Car Apollo qui iadis poursuiuit
En ce lieu mesme Oenome l'escripuit
luy promettant maint beau scauoir apprend
Si à l'aymer eust voulu condescendre,
Dont il aduint qu'il luy monstra l'vsaige
Et la vertu de tout terrestre herbaige
Ie veidz apres en cest arbre sacré
Que ce lieu fut à Phœbus consacré
Diuinement par ses seurs les neuf muses
Par les raisons en ce laurier infuses,
Quand i'euz long temps regardé ceste part
Vng peu plus loing, ma veue se depart
Et i'appercoye en ce lieu de verdure
Vne eaue courir, rendant vng doulx murmu
Qui procedoit d'une fontaine enclose
De marbre blanc plus beau que nulle chose
Ou D'acteon la mort me fut cogneue
Pour auoir veu Diana toute nue
Qui en vng cerf le sceut bien conuertir
Si que ses chiens le peurent englotir,
Dont à bon droict estre ce lieu, ie dis
Ou Diana s'estoit baignée iadis.
O Acteon ie suis donc plus heureux
Que toy beaucoup en ce lieu plantnreux

Entrer te voys sans mon auctorité,
Car auec moy ne puis aulcunement
Communicquer sans le consentement
De ces trois seurs, qui par loyal office
Honneur me font & acte de seruice
Dont te conuient pour la faulte certaine
Que tu commectz, souffrir torment & peine.
Las, dis ie alors, o deesse prudente
Ton cueur ainsi pour moy point ne tormente.
Long temps ya qu'en bon vouloir ie suis,
Ces trois seurs tes seruantes poursuys
De vraye amour, & iamais n'aduiendra
Que ce vouloir en mon cueur s'estaindra,
Donc à bon droict ie me transporte icy
Pour les seruir, & te cognoistre aussi,
Te suppliant de me faire certain
Quel est ce lieu si parfaict & haultain,
Quel est ton nom, que scauoir ie desire,
Dont le desir m'est assez de martire.
Mes dictz alors eurent tant de pouoir
Que i'apperceu la nymphe s'esmouuoir
Et conuertir sa rigueur en pitié
Donnant l'espoir de future amytié:
Et de rechef parle en ceste maniere
Faisant sa voix aultre que la premiere.

B iiij

O donc amy, puis que ton cueur a bien
Choisi ce lieu pour vng immortel bien
Et que ie voys que par vng desir tel
Veulx aspirer au seiour immortel:
Escoute donc, escoute vng peu ma voix
Pour t'aduertir de ce lieu que tu voys,
Ie croy qu'assez euidemment as veu
Que de ce lieu fut Apollo pourueu
Lors que ses seurs les Muses neuf de nombre
Luy consacroient ce lieu qui gist en l'umbre,
Auquel long temps ces dieux ont habité
Par l'imprudente, alors, antiquité,
Car tous ceulx la qu'on nõmoit dieux siluestres
N'estoient pas dieux, ains mortelz & terrestres
Et leur doctrine inicque & deceptiue
Participant d'humaine traditiue,
Faulse, incertaine, abusiue, induysante
A mille erreurs toute secte ignorante
Dont mainte gent en a esté seduicte
Et par le dyable à ceste erreur conduicte,
Et maintenant sont es enfers punis
Des grans abus dont ilz s'estoient munis
Suyuant propos & pour te contenter
Ie veulx mon nom aussi t'interpreter,
Pallas ie suis procedente de dieu

DV BANNI DE LIESSE

[...]r Diana, saige pudique & belle
[...]op se monstra en ton endroict cruelle:
[...]ais ceste cy qui a plus de beaulté
[...]e Diana, telle n'a point esté
[...] mon endroict, donc en ceste fontaine
[...]uand à l'entour mon regard ie promaine
[...]ppercoy lors vne nimphe, ou Déesse
[...]i se baignoit, plus belle que Lucresse,
[...]aste & pudique, & de grace si haulte
[...]'en tout son corps n'estoit aulcune faulte
[...]ue voyant tant belle protraicture
[...]en n'eussiez dict y oublier nature,
[...]nc contemplant cest heureux personnaige
[...]st, dis ie, à lors vng plus qu'humain ouura[...]
[...]e:
[...]s yeulx estoient clairs, rians, & agus
[...]us clair voyans que les cent yeulx d'Ar-
[...]gus,
[...]s cheueulx blondz, couurans de toutes
[...]ars
[...] tendre chair iusque aux talons espars,
[...] dis ie adonc, o chose non pareille
[...]nsiderant ceste face vermeille,
[...]tite bouche, & nez bien composé
[...]le surplus du corps bien disposé

B iii

Digne d'auoir Iuppiter pour espoux
Pour auec luy prendre eternel repoux,
Donc ce me fut vng merueilleux affaire
D'ung lieu si bon mes yeulx fichez distraire,
Ardent desir me surprend de scauoir,
Quel nom pouoit ceste deesse auoir
I'approche vng peu pour en ouyr nouuelles:
Quand i'apperçoys à l'entour damoyselles
De nombre trois, estans de sa mesgnie
Dont elle vsoit pour toute compaignie,
L'une des trois se nommoit Esperance,
Et l'aultre Foy ioincte par alliance,
La tierce auoit le nom de Charité,
Ainsi que lors elle m'a recité,
S'esbahyssant auecques sa sequelle
Qui m'esmouuoit faire entreprinse telle
D'entrer au lieu aux deesses propice
Ou nul ne doibt aller qui commect vice,
Dont les trois seurs estoient en grand pensée
Craignant de veoir leur maistresse offensée:
La nymphe veoit, qui en ce lieu se laue,
Tout mon maintien, & de parolle graue
Ainsi me dict, ie croy que tes espris
Sont de follie, ou de fureur espris
Puis qu'en ce lieu plein de diuinité

DV BANNI DE LIESSE 14

SI Cupido ses yeulx bendez desbouche,
Considerant vostre riante bouche
Ronde & petite, & de grace si bonne,
Ie ne croy point qu'a l'aymer ne se donne
Abondamment & son arc, & ses traictz
Comme vaincu, & pris de voz protraictz,
Donc esbahir ne me fault si ie suis
Banny plus fort, quand des yeulx ie poursuys,
Vostre port guay qui mõ pauure cueur poingt,
Veu que le Dieu d'amour ie ne suis point:
Dõc puis qu'ũg dieu si ces deux yeulx desbéde
A vous aymer vostre port luy commande,
Ie qui n'ay pas vne telle puissance,
Vaincu ie suis par plus grand apparence,
Et en cecy contre vous ne m'estonne
D'estre vaincu, puis que raison l'ordonne:
Or le vaincu qui se rend sans deffense
Ne doibt chercher fors mercy ou clemence,
Et le vaincueur, c'est chose meritoire,
Se contenter d'auoir en la victoire,
Ainsi m'aduient quand ie me voys surpris
Par iuste guerre & vous donne le pris,
Me soubzmettant comme vostre captif

A vous seruir sans cesser intentif,
En ce faisant bien souuent ie regrette,
Ne m'aduenir deux choses que soubhaicte
Dont ma nature est en ce coustumiere,
Et pour venir à la chose premiere,
S'il aduenoit que tout buisson sauluaige
Feust ressemblant à vostre beau corsaige,
Berger seroye, & soubz maint buisson vert
Habiteroye pour y estre à couuert.
La seconde est que tout pillier d'esglise
Feust ressemblant à vous, lors en chemise,
Ie ne craindroye, voire quand fort il gele
A ces pilliers offrir mainte chandelle,
Et deuiendroye bien meilleur catholicque
Baisant iceulx au lieu d'une relicque,
Ie dis apres, c'est par trop chose grande
Que ie soubhaicte, & hors de ma commande,
Et neantmoins quand ainsi ie desire
Ioye & soulas en mon cueur se retire.
Ie dis aussi, o fille en qui beaulté
Est apparente en grand speciaulté,
O tainct vermeil ou sourcilz azurez,
O rians yeulx, o cheueulx bien dorez,
Lesquelz souuent quād elle y veult entendre
Iusques aux talons on puist biēveoir espandre:

DV BANNI DE LIESSE

x vrays chrestiens promise en ce bas lieu,
las ie suis, mais Pallas ne suis pas
 temps iadis, car depuis son trespas
dieu ie suis formee en mesme nom,
is mon scauoir a bien plus grand renom:
e Pallas qu'on voit en mainte hystoire
pproche point du diuin ministere,
 sa doctrine estoit vaine & lubrique,
is la mienne est doctrine euangelicque
n ne tiennent des constitutions
ces gentilz, ne leurs inuentions
e mon scauoir poulse & mect en arriere
 verité que ie mectz en lumiere,
ncques ce lieu qui est tant honnoré
en scauoir nouueau regeneré
 Iesuchrist par qui nous est apprise
e aultre loy que celle de Moyse,
staffauoir loy de misericorde
 nous viuons en paix & en concorde,
s ne t'en dis, chascun le doibt entendre,
res ces dictz proposay de me rendre
 humble serf, ce qui la contenta,
ontinent de ce lieu s'absenta
ec ses trois seruantes qui sans cesse
 tous endroictz la tiennent pour maistresse,

LES EPISTRES

Ce dis ie alors, les suiuray ie, nenny,
Puis que ie suis de lyesse banny,
Indigne suis de suyure leur noblesse
Puis que ie suis le banny de lyesse.
Prens donc amy ceste premiere epistre
Que i'ay voulu par vng sens moral tistre
Si qu'elle feust en ton esprit conceue
Iacoit qu'elle est trop lourdement tissue.

Epistre.ii. à vne ieune fille d'ung tapissier merueilleuse en beaulté.

DE BANNI DE LIESSE 15

bouche rondé, o bouche plus petite
Qu'il n'en feut onc par Poetes d'escripte
Qui a les dentz, bonne memoire en ay ie,
Qui de blancheur oultre passent la neige.
Le rond tetin plein de viuacité,
Excedent la pierre de durté:
Le corps bien faict, lequel pour à vif paindre
Esprit humain ne puit iamais attaindre,
Est à bon droict doncques que ie consens
Vous seruir employer art & sens,
En m'esforcant belle vous faire viure,
Apres la mort voulans dedans mon liure
Vous inserer, & louant voz valeurs,
Entierement depaindre voz couleurs,
Voire & si scay que par mon iugement
Les celebrer ne puis suffisamment:
Le tappissier excellent vostre pere
Est bien heureux, lors qu'il se delibere
Faire tapis dont il se puist vanter,
Les gros seigneurs de son art contenter:
Car il a bruyt d'y estre si expert,
Que son second en ce monde n'appert:
Lors qu'en ouurant il faict mainte euidence
De beaulx protraictz iusqu'a viue semblance:
Mais ie maintiens quand trassé il vous a

Qu'oncques pour luy mieulx il ne besongna
Quand il produict cest ouuraige charnel
Qui est formé du grand Dieu supernel,
Qui nous crea à sa similitude,
Pour nous donner seiour & habitude,
Lassus au ciel si nous viuons en sorte
Qu'offense grand de noz œuures ne sorte,
Pour imposer la fin à mon escript,
Ie vous supply ma seur en Iesuchrist,
Que quelque foys de moy il vous souuienne,
En vraye amour & charité chrestienne,

Epistre .iii. A madame Gilberte
Guerin, dame du montet en
Auuergne, femme de grand
perfection, & corporele,
& spirituele.

Ay bien voulu cest escript mettre en voye,
Que d'ung cueur bon, Madame, vous enuoye
le vouloir humble certifier
i'ay vers vous, & se iustifier,
voulez noter d'ingratitude,
n'auoir mis plus souuent son estude
ous escripre, ou en prose, ou en vers,
resiouyr peuuent ennuyz diuers,
n cela si vostre cueur m'accuse,
ie puis de raisonnable excuse:
ie ne puis messaige appercepuoir,
qui puissiez ma lettre recepuoir,
ieu loingtain, ou me suis transporté,

Faict mon escript vers vous n'estre porté
Oultre du lieu ceste longue distance,
De m'excuser i'ay bien aultre apparence,
Mon stile est rude & lourd,& imbecille
Pour mettre aux yeulx de femme tant docil[e]
La qualité de mon estat aussi
Puist l'escripuant oster de ce soulcy,
Dont on dira dame tant estimée,
Par mon escript estre desestimée,
Non qu'en cela mon cueur vous desestime:
Mais seulement si acceptez ma rithme,
Que doibs ie donc comprendre sur ce poinc[t]
Ou bien d'escripre, ou de n'escripre point?
Crainte me dict, trop grande est l'entrepri[se]
Par tes escriptz dame que tant l'on prise
Importuner, tu n'es pas à sçauoir
Qu'elle merite vng bien plus hault sçauoir,
Il luy fauldroit vng cerueau plus fertile
Pour l'esiouir, comme Horace, ou Virgile,
Ou en Francoys Marot qui tous excelle,
Comme en Latin Virgile aultres precelle,
Raison suruient qui ma crainte dechasse
Disant ainsi, ne crains plus, ains prochasse
Escripre à celle ou gist tant de bonté
Que tu seras vers elle supporté,

DV BANNI DE LIESSE

[I]'y donc prins cueur, O madame Gilberte
[D]escripre à vous en grand scauoir experte,
[Co]mbien que trop mon sens petit ie sente
[Q]u'entre voz mains, sans crainéte, se presente,
[E]t si d'Achilles ne puist auoir la force,
[I]l ne fault pas que blasmer il s'esforce
[Au] bruyt d'Aiax, ou d'ūg belliqueur moindre,
[A] plus grand honeur ne puist attaindre,
[Q]ui au scauoir de Cicero ne vient,
[M]oindre que luy despriser ne conuient
[Q]ue de Marot n'a la veine amoureuse
[M]oindre beaucoup ne luy soit ennuyeuse:
[Ca]r si tous ceulx, dont les espris sont grans
[Eu]ssent esté leur mesme art denigrans
[En] desespoir du tiltre d'excellence,
[Ci]cero feust doncques moindre qu'hortense:
[Et] Achilles inferieur beaucoup
[A V]lixes, n'eut onc frappé beau coup:
[Et] Ennius qui sceut l'antiquité
[Eu]n subsequent Virgile eut surmonté
[Et] Iehan Marot qui est de Clement pere,
[Eu]st obtenu louenge plus prospere.
[Ai]nsi, Madame, il aduient qu'hardiesse
[Me] faict escripre à vostre grand noblesse,
[Voi]re scachant que moindre suis de ceulx

C

Que i'ay nommez dont ne suis angoisseux,
Car quelque foys vostre clair iugement
De mes escriptz a prins contentement
Dont heureux suis d'auoir sceu contenter
Celle qui bien se doibt & puist vanter
De sa bonté, scauoir, & corps bien pris
Sur toute dame emporter loz & pris:
Car puis long temps fœmenine bonté,
En nul endroict tel pris n'a merité,
Vng tel scauoir en esprit fœmenin,
Ie n'ay point veu, à peine en masculin,
Corps si bien faict, visaige si louable
N'a point esté, ne cueur plus charitable,
Qui monstre en vous le lis de chasteté
Le diament de foy, & fermeté,
La viue fleur de pure temperance,
Saphir d'amour, couronne d'innocence,
Qui vous fera iouyr de la victoire
Contre la chair en copieuse gloire,
Prenant la sus le seiour eternel:
Puis que scauez vaincre plaisir charnel,
Oultre les dons, & ces graces du corps,
Ceulx de l'esprit me font estre records,
De la verttu qui de l'espri procede,
C'est la doulceur du cueur bon qui excede

DV BANNI DE LIESSE

Toutes doulceurs de damoyselle ou dame,
Sans toutesfoys que les aultres ie blasme
Ce n'estoit que nature ordonna
Le bien pour vous, qui plus vous en donna,
Distribuant en vous tant de musicque
Que vostre voix est organe angelicque,
Me souuient alors que i'habitoye
Bien pres de vous, & voz chantz escoutoye,
Que Monseigneur vostre affin & parent,
Hault en scauoir, en richesse apparent,
Me commandoit souuent ma fluste prendre
Pour les doulx tons de vostre voix apprendre:
Et bien souuent pour passer voz ennuyz
Ne reposoit ma fluste iours ne nuictz:
Mais maintenant hors de foelicité
Mille repose, & en captiuité
Est mon esprit, fortune qui me presse
M'a surnommé le banny de lyesse,
M'ostant l'espoir ou i'auoye pretendu
Au lieu premier, dont ie suis suspendu,
En ce malheur i'ay bien bonne esperance
Auoir de vous durable souuenance,
Vostre a esté mon cueur, est, & sera,
Et ce vouloir iamais ne cessera.

C ii

LES EPISTRES

Epiſtre .iiii. à vne sienne couſine Pariſienne.

EN appliquand ma plume à la preſente,
Mon cueur auoit peine en luy differente,
Dont l'une eſtoit vous enuoyer ma lettre,
Et l'aultre eſtoit dedans vng feu la mettre:
En deux aduis i'eſtoye donc variable,
Mettant mon encre & papier ſur la table,
L'ung me diſoit dequoy te ſert l'eſcript

DV BANNI DE LIESSE.

elle qui iamais ne te rescript?
quoy te sert souuent escripre à celle
de l'escript la response te cele?
doibs laisser encre, papier, & plume,
qu'elle n'a de respondre coustume:
ltre propos me dict que penses tu,
ips à celle ou gist tant de vertu,
t de doulceur, tant de bonne amytié
t'ayme plus que soy de la moytié:
e combat de ces propos diuers,
ine auoys mis par escript dix vers,
ie cuiday laisser & intermettre
s enuoyer aulcun escript ou metre.
on suruint fuyant l'aduis premier,
e persuade ensuyuir le dernier,
tre amytié mettant deuant mes yeulx,
entretien ou ie m'arreste mieulx,
c par desir qui me suprend alors,
etz du cueur toute crainte dehors:
epuez donc, O ma chaire cousine
ien escript pensant que ie rumine
ans mon cueur les plaisirs & biensfaictz
iour en iour de par vous me sont faictz,
quelz pour vray, quãd de plus pres y pense,
e ne puis entiere recompense

C iij

LES EPISTRES

Pour à iceulx estre egallé ou pareille
Sinon d'ung cueur que pour vous i'appareille
Qui ayme mieulx estre en captiuité
En vous seruant que d'auoir liberté:
Car son seruice en trauail causera.
Et ce trauail liberté luy sera
Estimez donc que la priuaulté grande
Dont vous vsez vers moy le me commande
Me reputant heureux, & fortuné
Quand mon escript pour vous est ordonné,
Deliberant vostre grace louable
De paindre au vif pour la rendre durable,
Vostre beaulté excellente & entiere
M'en donne assez argument & matiere
Ceste blancheur de visaige bien pris
En peust assez esueiller mes espris,
Ces yeulx tant beaulx, ceste perruque blonde
Trouuent assez propos ou ie me fonde
Bref le surplus de beaulté corporelle
Vous rend assez aux lecteurs immortelle:
Mais ce n'est pas pour passer les vertus,
Dont vous auez les espritz reuestus,
Le corps est beau, mais tout ce qui prouient
De vostre esprit à bien plus grand heur vient
C'est le recueil de viue charité

vous fera prendre immortalité
le parler, ne trop fier, ne lubrique,
doulx, plaisant, affable en rethorique
ui iamais l'honneur d'aultruy n'empire.
rit bon, qui plus vault qu'vng empire,
escripre, ou en vers, ou en prose
le bruict, comme des fleurs la rose,
ilz est doulx tenant de sa nature
n'excede vng seul poinct de mesure.
ses propos pleins de persuasion,
s'en ensuit iuste conclusion,
croy point qu'Apelles eust sceu faire
Pallas, & au vif la protaire
vous tollir ceste grace abondante
mon esprit plus que Pallas contente,
estoit rien de la beaulté d'Heleine
l'on escript, iadis tant souueraine
est endroict plus qu'elle ie vous prise
que raison en ce vous fauorise:
voste grace à la beaulté conioincte
la beaulté d'Helene rendre estaincte,
lx vault l'esprit de vous tant estimé
le maintien d'Helene renommé,
aultre part, par sa grande machine
causa des Troyans la ruyne,

C iiij

Dont il conuint tant de gens assembler
Et tant de gens par mort desassembler:
Mais il n'ya pour vous bruit ne tumulte
N'aulcun moyen, dont la guerre on consulte,
Garde n'auez pour vng plaisir parfaire
Executer si desloyal affaire
Comme elle fit, ayant plus de prudence
Que n'eut iamais Helene d'inconstance:
Voire, & si dis que Lucresse Romaine
Vous excedez par raison bien certaine:
Car pour monstrer qu'elle n'estoit publique
Elle s'occist, estant de cueur pudique:
Lors que Tarquin le filz du Roy s'esforce,
Ce qu'il aduint, la violer par force:
Mais quant à vous il ne fault point de preuue
Affin qu'ainsi vostre bonté l'on preuue:
Car chasteté conioincte en mariaige
Onc ne laissa vostre innocent couraige,
Aduint vng iour que ferme affection,
Iuno, Venus, mist en contention
Pallas aussi, le beau Paris est iuge
Qui à Venus la pôme d'or adiuge:
Mais si Paris en ce lieu vous eust veue
Seule feussiez de la pomme pourueue:
Car il eust veu leur grace interieure

[...]re beaucoup vers vous inferieure,
[...], & papier ne me pourroient suffire
[...] voz vertus rediger & d'escripre,
[...]t finiray, desirant d'estre mys
[...]ens le cueur rauy pour voz amys,
[...]t ie suis l'ung, au moins de mon costé
[...] ay vers vous meilleure volunté.

Epistre cinquiesme à vne ieune Damoyselle, par luy fort aymée.

IL me desplaist que fortune qui m'a
Faict tant de bié, dont mō cueur vous aym‹e›
Me tient du lieu si loingtain separé,
M'ostant le don qui m'estoit preparé,
C'est de vous veoir, la chose que plus fort
I'appete, & qui plus me donne confort:
C'est de vous veoir, & en voyant vous dire
Ce qu'a present suis contrainct vous escripr‹e›
Iacoit qu'ainsi mon dueil vng peu s'appaise:
Mais cueur nauré est bien plus à son aise
De viue voix quand il puist prononcer
Son bien, son mal, son dire, & son penser,
Ainsi de deux plaisirs qu'vng cueur pretend
Contrainct ie suis du moindre estre content
Qui est d'escripre au deffault de la veue
De vous & moy: donc ma lettre soit veue
Elle ne vient d'ung desloyal amant
Qui a le cueur plus dur que dyamant
Elle ne vient d'ung amy variable:
Car plus est loing, plus est il ferme & stable,
Doncques lisez de ces yeulx clair voyans
Iceulx ferez, puit estre, larmoyans
Si vous pensez au grand pouoir & force
De Cupido, qui par aulcun diuorce
Ne puit sortir du profond de mon cueur,

DV BANNI DE LIESSE. 22

vaincu suis, & il est le vainqueur,
[qu]el on painct auoir les yeulx bendez,
[Mais] pour certain, il les eut desbendez,
[Puis] que si droict de son arc fort & roide
[Feit] mon cueur sans espoir de remede.
[Suis] ie adonc, o dieu plein de rigueur
[Qu'en] moy seul fais sentir ta vigueur,
[Pour]quoy, helas, ce bien ne m'as permis
[Que c]elle aussi pour qui mon cueur est mis
[En] torment, ne sente comme moy
[Le c]ueur nauré pour plaindre mon esmoy?
[A q]uoy ie suis encores mal appris,
[Par] ces propos, de vostre amour surpris,
[Pro]noncoys pour estre consolé,
[Scha]nt au vray qu'vng triste & desolé
[Porte] son mal bien plus patiemment
[Quan]d il n'est seul en sa peine & torment,
[Le]s ennuytz qu'il me fault soustenir
[Pour] vous aymer, le plaisant souuenir
[De n]oz esbatz fortunez de ieunesse,
[Oste] vng peu de mon cueur la detresse
[Quan]d ie reduictz les affables deuis
[De] nous deux, le mien & vostre aduis
[Le s]aint blason & propos amoureux
[Dont] vous m'auez rendu tant langoureux,

Voyant mon cueur tendant à iouyssance
Souffrir torment par vostre resistence
Combien de fois auecques moy seulete
Mainte pensee auez dicte secrete
En me donnant l'inuention de prendre
Ce qui me faict languir par trop attendre:
O amant lourd doncques que lors ie fus
En offre & heur tant liberal, confus.
En ma grand soif se presentoit l'eau claire,
Mais ie n'ay sceu trouuer moyen d'en boire,
Prochain m'estoit le pōmier doulx & tendre
Si i'eusse sceu le bras au fruict estendre,
I'auoys le don de clemence & mercy,
Si i'eusse esté sans honte & crainte aussi,
Crainte m'a donc debouté se me semble
Du bien qui est à deux amans ensemble,
Honte m'a donc priué de ce soulas
Duquel iamais cueur amoureux n'est las.
Que dis ie helas : ie ne veulx maintenir
Qu'il m'eust esté promis d'y aduenir,
Cela pour vray mon cueur pas ne maintient
Si mon escript le contraire soustient.
N'adioustez foy doncques à l'scripture,
L'amant nauré est subiect de nature
A varier tenant propos estrange,

nonobstant sa volunté ne change,
m'aymer onc vostre cueur pensa
re raison, iamais il n'offensa,
amytié procedoit d'esperance
ariage auoir mon alliance:
i ne puist paruenir à bon port,
re depart m'en oste le support,
antmoins croyez cela pour seur
vostre suis,& vous tiendray pour seur
ant aussi que par vostre promesse
oirs ayez du banny de lyesse.

Epistre.vi. à vng sien amy nommé chapuzet.

TOus les bienffaictz dont obligé te su[is]
Font que tousiours ta grace ie pourf[uis]
En m'efforceant labeur, & peine mettre,
De t'enuoyer souuent escript en metre,
Mais que me sert si frequente escripture
Quand de ta part ie n'ay nulle lecture?
Dequoy me sert si souuent te rescripre
Quand de ta main responseneppuis lire?
Que me profite incessamment rimer,
Pour enuoyer ce que i'ay peu limer
A celluy la qui ne tient aulcun compte,
Si par escript quelque cas ie luy compte,
Dequoy, helas, certes il me sert bien
Et ne me puit aduenir plus grand bien,
Car il suffit si ma lettre as receu.
Sans en auoir ta response apperceu,
Scachant pour vray que point ie ne merite
Que tant pour moy ton cueur se sollicite
Suyuant ces dictz le porteur m'a compté
Du bon guenier de ce siecle exempté
Dont suis contrainct dolent me contenir
Quand de sa mort me vient le souuenir,
Ce guenier la, pour le moraliser
Comme raison m'en puit auctoriser,
Estoit au faict des gaines si propice

DV BANNI DE LIESSE

en la façon n'estoit faulte ne vice
e cousteau qui venoit de sa forge
it luysant, & plus vuidé n'en forge
stellerault, ne Phalaise, dont vient
nt bon cousteau que priser il conuient.
gueinier donc en ceste qualité
e souloit si bonne equalité
re la gueine & le cousteau luysant
e l'ung en l'aultre estoit iuste & duysant
ceste gaine il fault son corps entendre,
le cousteau son bon esprit comprendre,
corps de luy, par sensualité
remplissoit l'esprit d'iniquité
qu'a l'ung l'aultre estoit obeyssant
mant celluy qui est seul tout puissant,
le cousteau, lequel luysant ie homme
stoit l'esprit, doncques de ce preudhomme,
ysant ie dis, helas on la veu luire
uand il a sceu plusieurs proces conduire
maint plaideur, lequel sans sa conduicte
ust succumbé aux frais de la poursuitte
t ie le plainctz bien fort, mais ie me fonde
ue pour mes pleurs venir ne puis au monde,
r d'y venir seroit chose moleste
uand son esprit prend le repos cœleste

Le corps n'est rien qui est en sepulture
Accompaigné de toute pourriture,
Si boucheron quelque epitaphe en trasse
Fais que i'en aye vng double & que ie face
Tout imprimer en correct caractere.
Or blasonnons, il ne fault plus se taire,
Les medecins luy deffendent les noix
Pour preseruer entierement sa voix
Qui est si doulce, il fault que ie le die
Qu'vne calande il passe d'arcadie
Soit en plaidant en droict, ou en practique
Ou en chantant les chansons de musicque
Par tous ces poinctz de sa parfaicte alaine,
En mariage on luy donna Helaine,
Celle n'est pas qu'ayma le beau Paris,
Celle n'est pas l'hostesse de Paris
Que ie cognoys n'vser tant de rudesses
Qu'elle ne face à maintz forbir ses fesses,
Mais ceste cy pour le vray maintenir
Ne pouoit pas à plus grand heur venir,
Car son mary luy emplira la pance
D'ung heritier de semblable eloquence,
Combien qu'au vray sa terre naturelle
Qu'on nomme cluys n'a pas cest heur en elle
Que de produire ainsi que chascun bruyt

ns de sçauoir, au moins digne de bruyt,
ndz donc le cas que c'est nouueau presage
and cestuy cy s'est rencontré si sage,
ouldroys bien estre recommandé
es amys, & que m'eusse mandé
leur estat, & si Scapesse dure
nous auons rimé sur la verdure
appellant Pallas & sa mesgnie
ur en ce lieu nous tenir compaignie,
maint brocard Taulpin a mis au vent
nt nous auons vescu le plus souuent,
nostre abbé Brugerat que ie prise
la verdure a faict mainte entreprise
ec son vin d'Argenton peu couuert
i ne sembloit ne rude ne trop verd,
nt il aduient que point ne m'esmerueille,
en auons vuidé mainte bouteille:
de ce lieu tout le gouuernement
estoit donné, mais sçais tu bien comment
entretenir en estat la fontaine
le mollin chose tant souueraine,
puis qu'il fault qu'amplement te descharge,
uelle iadis en ce lieu fut ma charge,
mbien qu'assez te soit chose notoire,
veulx pourtant rafreschir ta memoire

D

LES EPISTRES

Pour t'aduertir de la grand doleance
De mon depart, & si piteuse absence,
Ayant laissé la fleur de mes amys
Ou à iamais mon espoir estoit mys:
Doncques l'estat qui la m'est it donné
Et par l'abbé venerable ordonné,
Entretenant le lieu comme dict est
Sur grosse peine, & sur grand interest
De ne laisser le mollin ruyner,
I'estoys contrainct aux freres assigner
Le iour certain ou il conuenoit estre
Pour en ce lieu de noz blasons cognoistre,
Le grand abbé de ce beau lieu notable,
Non point assis, comme tu scaiz, à table
Ains le premier sur la verdure assis
Nous escoutoit, & puis de sens rassis
Sur noz propos bailloit son ordonnance
Que tu mettoys soubdain en euidence
Comme le plus expert son secretaire
Du lieu, auquel estoit nostre repaire,
Et lors sur ce que tu auoys escript
Interuenoit souuent le mien escript
Ou i'appliquoys quelque œuure fantasticque
Tenant de l'art en doulceur poeticque,
La deuant nous se presentoient les muses

grand scauoir & de doctrine infuses
[] Phœbus & le gentil Mercure
[] bien traicter mettions labeur & cure,
[] sçauoit Pallas prudente & sage
[] sçauions l'ornement de langage
[] les dieux des boys, comme Faunus
[] an aussi, sans y mettre Venus,
[] de ces dieux est mortelle ennemye,
[] edict Pan auec sa chalemye
[] resonnoit mainte doulce chanson
[] contraignoit Pallas danser au son
[] ant Phœbus par la main doulcement,
[] uis Mercure en bon contentement,
[] sens lesquelz tous noz blasons & vers
[] oient à plian cogneuz & descouuers,
[] nt ie te pry de me mettre hors d'esmoy
[] m'escripuant qui est au lieu de moy,
[] à Taulpin ma place ie resigne
[] ant l'abbé qu'il la luy determine
[] r la fortune ou ie suis arresté
[] i de ce lieu diuin m'a debouté,
[] persuadant chercher vne aultre adresse
[] ut nommé suis le banny de lyesse,
[] au surplus aduerty monseigneur
[] lieutenant, à qui ie doibz honneur

D ii

Que dãs brief téps luy éuoyray quelque œuu
Ou Alciat son grand esprit descœuure,
Lequel pourtant venu n'est en Lumiere
Par imprimeurs en aulcune mañiere,
Et si tu mectz la presente à sa veue
Content ie suis que par aultres soit veue,
Car en lisant ma lettre il aduiendra
Que maint amy de moy se souuiendra,
Si ce n'estoit que ce feust vng gros veau,
De par deca ie ne scay rien noueau
Fors que le roy par royal iugement
A de Rouen tollu le parlement,
Ceulx du conseil scachant estre rebelles
Et contemnans ordonnances nouuelles,
Et n'a voulu leurs raisons escouter
Tous à genoulx les voyant lamenter,
Quant est de moy, ie suis en attendant
Ce que tu scais ou ie suis pretendant,
Pour le present, d'amys fort separé,
Car la plus part s'est de moy retiré,
Mais celluy seul, qui les humbles pouruoye
Empeschera que ie ne me foruoye
Aymant sa loy, sa foy, & verité
Qui à plusieurs est en obscurité.

Epistre. vii. à vne sienne seur vnicque.

Iesse en vous soit tousiours conseruée
Ma doulce seur de quatre reseruée
Que dure mort a rauy deuant aage,
Dont ie le plainctz, & plore d auantage,
e nombre trois, sans vous, donc elles furent
toutes trois le coup mortel receuprent,
aspirer ores pouoient à vie
leur scauoir Pallas auroit enuie
ur leur esprit de plus grand loz pourueu,

Ce que Pallas auoit long temps preueu,
Et que son bruict pouuoit bien empirer,
Laissant noz seurs longuement respirer:
Pallas adonc en fureur & en flamme
De iour en iour son cruel cueur enflamme,
Disant ainsi, si viure ie consens
Ces troys esprjs ie perdz mon art & sens:
Car en viuant me vouldront exceder,
Et iustement mon honneur posseder
Si Aragne ne me feit onc nuisance,
Ces cy ont bien plus de préeminence:
Car Aragne feut par moy mise à honte:
Mais de ces cy la moindre la surmonte.

Car son scauoir estoit inferieur,
Mais ces troys seurs l'ont bien superieur,
Aragne feut presumptueuse & folle,
L'humilité de ces troys au ciel vole,
Dont s'il aduient que par fœlicité,
Leur grand esprit vienne à maturité,
Ie qui ay peu Aragne tormenter
Triste seray me voyant surmonter,
D'y obuier il m'est donc necessaire,
Et Atropos prier en cest affaire,
Doncques ma seur quand Pallas furieuse,
Et du scauoir de noz seurs enuieuse,

En mille endroictz eut employé ses pas,
Pour de noz seurs aduancer le trespas
Vers Atropos la fatalle déesse
Prent son chemin, lors en dueil & tristesse
Humble en priere & faisant cheoir de l'œil
Larmes & pleurs tesmoings de iuste dueil
Luy deist ainsi, Si onc femme esplorée,
O Atropos a ta force implorée,
Et si par grace onc as peu secourir
Humble vouloir prest à te requerir,
Ie te supply presentement vouloir
Executer ton grand & hault pouuoir,
Tu scais assez que de memoire anticque
Mere ie suis de scauoir autenticque,
Et que mon bruict est grand & supernel,
Troys seurs y a de supernaturel
Entendement, qui ieunes sont encores,
Par le regard des astres ie voys ores
Que mon renom perdra magnificence,
Si on les veoit viure en conualescence:
Si te supply à cest accord venir,
En ma faueur ceste heure preuenir,
Ou à chascun si tu l'as proposé
Le dernier iour de vie est imposé,
Ces motz finis Atropos delibere

D iiii

A noz troys feurs liurer la mort amere,
Ce qu'elle a faict en faueur de Pallas,
Voila comment doncques ma feur, helas,
Voila comment par dure deſtinée,
A noz troys feurs mort fut predeſtinée,
Dont le piteux fouuenir de leur mort,
Me faict fouuent defirer d'eſtre mort,
Si ce n'eſtoit la recordation
Du lieu remply de confolation,
Ou leur efprit fent la beatitude,
Qu'on ne fent point en l'humaine habitude:
Et d'aultre part des quatre vne en demeure:
C'eſt vous ma feur dont la bonté m'aſſeure
Auec l'efprit qui eſt diuin, en forte
Que loz & bruict fur vous Pallas n'emporte
Qui ia vous euſt de ce monde tranſmife,
Si Atropos fa requeſte euſt admife:
Comme des troys qu'elle feit deceder,
Mais voſtre mort ne voulut accorder,
Car Dieu vouloit des quatre vous eſlire,
Pour vng grand fruict en ce monde produire:
C'eſt luy duquel ioye & foulas prouient:
C'eſt Iefuchriſt, c'eſt la ou il conuient
Mettre fon cueur, la fault thefaurifer,
Pour enuers luy noſtre ame auctorifer:

imez donc ma doulce seur vnicque,
is qu'Atropos nous a voulu la picque
 nous tollir noz seurs par mort cruelle,
ue nul ne puist auoir vie immortelle,
nsolez vous en Dieu, pure en pensée,
enne la mort, ou tard, ou aduancée.

Epistre .viii. A vng sien parent.

Ieu ne m'a pas voulu cest heur promettre
D'oser vers vous aller sinon par
   lettre,
oirs & si crains que mise en euidence,

Deuant voz yeulx enflez de mon offense,
Elle me soit beaucoup plus ennuyeuse
Que ne seroit ma presence odieuse,
Tous ces deux poinctz m'ōt lōg tēps suspē
En doubte & peur, car quand i'ay pretendu
De l'ung des deux auoir allegement,
L'aultre soubdain me suscite tourment,
Ie pense & dis, me doibs ie presenter
A cil lequel ie ne puis contenter,
Pour paruenir à sa grace si haulte:
Puis que ie voy qu'il m'accuse de faulte,
Pourray ie à cil trouuer paisible acces,
Lequel ma dict sans faire long proces
Que de mon faict, heur, malheur, ne de mo
N'auroit iamais volunté prendre esmoy,
Ie dis apres, puist estre que par metre
Il se pourra de sa fureur demettre
Deuant ses yeulx n'ayant la protraicture
De celuy dont il n'a ne soing, ne cure,
Or dis ie aussi puis que le personnaige
Qui luy escript ne luy plaist, d'aduantaige
Il mauldira l'escript, & l'escripuant,
Et en tiendra compte moins que de vent,
Ces deux poinctz donc d'y aller ou d'escripre
Differemment augmentent mon martire:

DV BANNI DE LIESSE

ais ce neantmoins ce mien contrepenser
ict deuers vous mon escript s'aduancer
e persuadant pour estre plus legere
ue d'assister à vostre face austere,
insi ie naige en l'eau qui m'est nuisible
e vent troublé, & en nul temps paisible
 marche en terre ou quand tout est compté
rouuer ne puis vng seul pas de seurté
ombien qu'assez l'affinité prochaine
 i'ay failly doibt supporter la peine
 ne laisser d'accepter mon office
Qui enuers vous se veult purger de vice:
ar ceste erreur que vostre aduis me donne
e vient sinon de malheur qui m'estonne,
ay donc failly: mais à qui? à fortune
Qui iour en iour m'est aspre & importune,
e croy que c'est la faulte qui m'efface
ors du papier de vostre bonne grace
Voyant assez que ma grand pauureté
De sens & biens perd vostre affinité,
Que dis ie perd? las il ne se puist faire:
Mais loing du cueur elle se puist distraire,
Doncques monsieur, pensez à tout cecy
Qui me deffend vous aller veoir ainsi
oing de confort & ioye, mes ennemys

LES EPISTRES
En desespoir, au pied du mur soubzmys.

Epistre neufuiesme sur le contenu d'une lettre en prose, qu'vne ieune fille enuoya à L'autheur.

L
  Ors que vers moy vostre escri-
   pture vint
  Rire & douloir ensemble me
   conuint:
Car vng propos me prouocquoit â rire,
L'aultre soubdain la larme à l'œil produire

DE BANNI DE LIESSE 31

...ant mes sens langoreulx & marris,
...ropos donc qui suscitoit mon ris
...ut à lors que en cueur de loyaulté
...us maintenoit rauy de ma beaulté
...nt ie disoye le tout consideré
...stre par vous trop d'honneur conferé
...ue voyant ma grace exterieure
...proposiez la faulte interieure
...t de l'esprit duquel l'experience
...us fist fuir ores de ma presence,
...neantmoins ce cueur qui se presente
...vostre escript amplement me contente,
...ultre propoz qui me fut odieulx
...st que vouliez estre absent de mes yeulx
...ur n'encourir en vne plus grand flamme
...ui vostre cueur par ma presence enflamme
...propoz donc, de moy vous absenter
...a pas cessé depuis me contrister:
...r de vous veoir c'est chose qui me plaist,
...e ne vous veoir, cela trop me desplaist
...propos donc de ne me venir veoir
...faict mon cueur de souspirs se pouruoir,
...e propoz donc de ne plus vous ouyr
...ontrainct mon cueur de plus ne s'esiouyr:
...ar grand lyesse & plaisir i'ay conceu

Pour vne fois vous auoir apperceu,
Si vne fois vous ay veu seulement
Vous oublier ne puis aulcunement,
Par moy seront voz graces, dont aymées
Et voz vertuz en mon cueur imprimées:
Mais ie vous pry de me rendre certaine
Pourquoy mettez tant de labeur & peine
A me louer, & me faire scauoir
Pour ma beaulté voſtre cueur s'eſmouuoir:
Car ie ne puis ſi toſt au vray comprendre
En bien ou mal ſi cela voulez prendre
Ie ne puis pas ſi toſt eſtre aſſeurée
Si voſtre amour eſt chaſte & meſurée:
Mais de ma part bien plus ie vous en priſe
Si en honneur mon amour eſt requiſe:
Car aultrement vertu, dont ie m'efforce
A vous aymer, n'auroit vigueur ne force,
Scachant en vous, ſi ceſte vertu fault,
Qu'aultre que vous en a plus grand deſfault
Et ſi ne croy, voyant voſtre maniere,
Voſtre nature eſtre à mal couſtumiere,
Voſtre regard humain m'en a faict ſeure
Voſtre humble port, & grace m'en aſſeure,
Dont vous ſupply voſtre me retenir
Et voſtre amye en loyaulté tenir,

ce faisant vers moy prenez la voye
plus souuent, affin que ie vous voye,
liberez l'occasion choisir
[q]ue puissions deuiser à loysir.

Epistre dixiesme de l'Autheur, respódant à la precedente.

I L est bien vray que par escript i'ay
mis
Quelques propos, pour vous estre
transmis:

Mais ce n'estoit pour vous faire doubter
Que ie n'auoye desir de vous hanter:
Car c'est le poinct que ie suis requerant
Et ou mon cueur est ioinct & adherent
Vng plus grand bien auoir ie ne desire
Que de plus pres, à vous ie me retire,
Et aduenir iour en iour ie soubhaicte
En lieu si bon ceste moyenne retraicte
La gist l'espoir de vostre humble seruant
Vng plus grand heur il ne va poursuiuant
Et toutesfois ie ne veulx contredire
A vostre escript qui se fonde en mon dire:
Car de vous veoir i'ay voulu differer
Et n'ay osé si tost m'y retirer
Craignant, pour vray, qu'vne face tant belle
Me feist souffrir torment & playe nouuelle,
Nouuelle dis: car nauré ie suis ores
D'ung feu si grand qui ne s'estainct encores
Que dis ie encores? Helas en cest affaire,
L'eau de la mer n'y pourroit satisfaire:
Car c'est vng feu qu'allume vostre grace
Qui toute ardeur, & chaleur oultrepasse,
Si donc nauré par vous bien griefuement
I'ay pourchassé, fuyr plus grief torment
Il ne conuient qu'en soiez esbahye

DV BANNI DE LIESSE 33

[...] si vers vous ma pensée est rauie,
[...]y donc raison, absent de vous me faire
[...]ur euiter vng torment mortifere,
[...]ertes non ay, & d'ung cueur faulx luy part
[...]ur vous laisser, qui tend en aultre part,
[...]ont' ie ne veulx plus la presence craindre
[...]e celle qui puist mon torment restraindre:
[...]r s'il accroist suyuant vostre presence
[...] puist trouuer le moyen d'allegence,
[...]e pensez donc que ie soyé attentif
[...]ire mon œil de vous separatif:
[...]ar vostre grace, & doulceur attractiue
[...]ra vers vous ma pensée ententifue
[...] le vouloir de vous inflammatif
[...]ra du cueur mien corroboratif
[...] que l'amour par vostre œil, vocatifué
[...]e causera pensée inflammatifue:
[...]ais ceste flamme affin que ie responde
[...] vostre escript, n'est vilaine, & immunde:
[...]ins chaste, pure, en cueur immaculée,
[...]roche d'honneur, de vice reculée
[...]ien ne tenant de l'ardeur vulcanique
[...]ncores moins de flamme venerique,
[...]'est vne amour qui procede d'ung cueur
[...]e folle amour, & lubrique vainqueur,

E

C'est vne foy en charité bruslée
Ferme, constante, entiere, immaculée,
C'est vne amour d'une seur, & d'ung frere
Qui est sans vice, & loing de vitupere,
C'est vne amour permise & ordonnée,
Dont ie vous ay ma volunté donnée
Ne desirant onc plus grand bien auoir
Si me voulez vostre amy recepuoir,
Non point amy tel que vous ay predict
Qui soit des loix diuines interdict,
Ains selon Dieu, sans desirer l'approche
Qui se commet par amans en reproche,
Recepuez donc, ma doulce seur loyalle
D'humble seruant l'amytié cordialle
Qui durera, pour se continuer,
Dedens mon cueur sans se diminuer,
Plustost oyseaulx en mer habiteront,
Et les poyssons en l'air se rengeront
Contre le cours de leur propre nature,
Plustost au ciel bœufz prendront leur pastu
Volans en l'air, & en velocité
Pourront muer leur ponderosité
Que de mon cueur qui vous est destiné
Le nom de vous en soit exterminé,
Plustost la mer encontre mont ira

DV BANNI DE LIESSE

Que mon amour de vous ne partira,
Plustost en vin l'eau verrez conuertir
Que vostre amy de vous se departir:
Or esprouuez lors que vouldrez ma seur,
Si mon propos vient de saincte doulceur,
Et bien voyez l'interieur secret,
Asseuré suis que vous n'aurez regret
De me donner part en vostre amytié
Et recepuoir mes larmes en pitié
Si vous sçauez cognoistre que mes vers
Sont de mes pleurs, en escripuant couuers
Vous m'aymerez, voyant que ie vous ayme
Autant ou plus que ie ne faiz moymesme,
Si cognoissiez le propoz que ie tiens
Quand vostre honneur si ample ie maintiens,
Vous iugerez l'interieur vouloir
Humble, & modeste, & à droict se douloir
Si ne voulez à cest effect descendre
Semblable amour à la mienne me rendre,
Vous cognoistrez vous mesmes auoir tort
Si ne daignez descendre à cest accord,
En ce faisant vers vous s'aduancera
Vostre amy franc, & grief ne luy sera
Vng long chemin en trauail entreprendre
Pour veoir sa seur tant amyable & tendre,

E ii

Pleine d'honneur, dont on ne puiſt ſentir
Le cueur à mal vacquer, & conſentir,
Ce bien la donc qui eſt ſpirituel
I'eſtimeray plus que le temporel,
Aymant les dons de voſtre grace infuſe
Et la prudence en nul endroict confuſe,
Qui me fera en mon cueur imprimer
Ceſte vertu que l'on doibt eſtimer,
Ce qui fera, que ie ne ceſſeray
Vous viſiter, & mes pas cauſeray
Sur voſtre eſcript, ou le me commandez
Et à plus grand plaiſir ne pretendez,
Si pour plaiſir, cela vous eſt compté:
Certes il eſt plus grand de mon coſté.

Epiſtre vnzieſme à monſeigneur Antoine de melphe, filz de monſeigneur le Prince de Melphe, religieux.

LE fort lien, lequel m'a peu lier
A vous aymer, ne se puist deslier:
Car ce lien, c'est d'une amour ardente,
A amortir, dont l'eau n'est suffisante:
Mais ce feu la ne vient de Cupido
Qui enflamma Aeneas & Dido,
Ce feu n'est point de Paris Alexandre
Qui fit le sang humain sur terre espandre,
Ce feu n'est point de cil de Vulcanus
Participant, encor moins de Venus:
Mais c'est vng feu en Iesuchrist, qui brusle
De ferme amour sans recepuoir macule,
C'est vng amour pleine d'humilité

Que i'ay vers vous, apres diuinité,
C'est vng ardeur d'amytié, qui procede
De vostre esprit, qui les aultres precede,
Qui en mon cueur vostre sçauoir imprime,
Dont vostre corps seulement ie n'estime
Yssu d'ung prince, en qui vertu abonde,
Ce n'est pas la ou du tout ie me fonde,
Mais c'est bien plus excellent ministere
D'auoir esleu vng simple monastere,
Estroict, deuot, reiglé, canonical
Ou vous auez prins l'habit monachal
Laissant du tout la suyte d'armature
La renonceant en ceste aage mature,
Et en seroient tant d'espritz estonnez
Si ce n'estoit que martyrs coronnez
Lassus au ciel en loz & honneur ample
Vous ont donné iuste cause d'exemple,
Car à cela estiez predestiné
Par Iuppiter qui l'auoit destiné,
Lors que Phœbus à Mars fut discordable
Voulant chascun vous faire son semblable,
Iuppiter donc comme iuge escouta
Leur different, Mars premier intenta
Son action, disant, o æternelle
Essence, & bien de la ioye supernelle,

DV BANNI DE LIESSE. 36

...icateur de tout le firmament,
... sans raison ie crains ton iugement,
...bien que i'ay cause tresacquitable
...t i'ay l'espoir que me soys fauorable,
...cil que veult Phœbus predestiner
...ulx ie merite aux armes destiner
...and sa nature y est prompte & encline
...uant le cours du ciel que ie rumine,
...aura mieulx suyure iouxte & tornoys
...ant vestu de belliqueux harnoys
...e son esprit mettre en captiuité
...nt autheurs pleins de lubricité,
...legions mieulx sera conducteur,
...e d'une fable ou hystoire inuenteur,
...mmes armez il pourra mieulx conduire
...e grec parler, ou en latin escripre,
...ncques ie dis que meilleur droict en ay ie
...que Phœbus n'a loy, ne priuilege,
...ces propos se teut le dieu bellique,
...squelz soubdain Phœbus ainsi replique:
...oy souuerain à qui obscur n'est rien,
...t ou du ciel, ou du siecle terrien,
...voys assez qu'euidente est la chose
...contre Mars ma victoire repose,
...r à toy seul appartient de cognoistre

E iiii

Le cours du ciel, comme facteur & maistre,
Puis que le ciel as prins pour heritage,
Pluto l'enfer, Neptunus le riuage,
Le ciel est tien, & tout ce qu'il contient,
Dont le sçauoir des astres t'appartient
Et en as seul parfaicte cognoissance,
Doncques si Mars par sa faulse intelligence
Ce bon esprit que mes neuf seurs ont pris
Pour leur espoux, à sur moy entrepris
Mettre hors du bien de doctrine future
Pour destiner aux armes sa nature,
Ie dis qu'il est necessaire & vtile
Qu'il face fruict en aultre art plus fertile,
C'est en sçauoir, non point d'art militaire,
Non point en l'art lubrique, & transitoire,
Ains à sçauoir doctrine, euangelicque,
Ou il conuient que son esprit s'applicque,
Phœbus oy, Iuppiter s'aduança
D'ainsi parler, & ces motz prononca,
Lors que ie prins par la succession
De Saturnus, du ciel possession,
Du ciel aussi demoura la science
Soubz le secret de ma seule puissance
Iacoit qu'aulcuns peuent par coniecture
Voyant le ciel, faire iudicature,

DV BANNI DE LIESSE. 37

ais cela n'est pour certain le tenir,
ce qu'il doibt estre, le maintenir,
sé le cas qu'on le peut terminer,
sage peut aux astres dominer,
ne veulx donc à Mars donner victoire
ur destiner, n'a toy Phœbus la gloire,
r le vouloir de Mars auec le tien
ront en eulx different entretien,
sera donc en guerre exercité,
is au conflict des muses incité,
insi donna Iuppiter sa sentence
e vostre estat futur & ordonnance
e volunté, qui prouient de vous mesme
yant esleu au lieu de dyadesme
triste habit plein de contrition
t vng lieu sainct pour habitation,
i au dieu Mars subiect auez esté,
ela n'a pas eu perpetuité,
ar obliant bellicqueuse proesse
ng lieu plus seur auez quis pour adresse,
'est Iesuchrist ou est vostre demeure
'vnicque port, qui les errans asseure,
ont vous auez lances, & braquemars
Mis soubz les piedz en despit du dieu Mars,
Et à Phœbus qui n'est rien que clarté

Estes submis pour y estre à seurté:
Et ce phœbus que clarté ie veulx dire
Paisiblement vous tient soubz son empire
Nō po t souldart, ains cōme vng porte enseign
Qui ignorans de son scauoir enseigne,
Dont i'en suis l'ung, mais de qui l'ignorance
Lumiere prend soubz vostre sapience,
Priant le dieu qui prind humanité
Vous octroyer longue prosperité.

Epistre.xii. à vng prothenotaire amoureux de sa fleute qu'il luy enuoya.

E cognois bien que pour vous recréer,
Ma fleuste puist assez vous aggréer:
Car le Dieu Pan qui l'art en in-
uenta,
fabriquée, & la me presenta,
rs que i'estoye en son regne Archadique
rdant troppeaulx, ou ma muse rustique
antoit en vers Tityrus expiré,
bon Berger de qui i'ay expué
long seiour, iusqu'a ce qu'il aduint
ue ledict Pan la consoler me vint,
sant ainsi, pour oster ma douleur,
plore plus, o berger de valeur,
triistes chantz Tityrus ton amy,
ue ton cueur par sa mort endormy:
du Dieu Pan obtiendras l'alliance,
auec luy veulx faire demourance,
suppliray de Tityrus le lieu
uecques toy, combien que ie soye Dieu,
ir, & matin yrons soubz ces ormeaulx
ers resonner auec noz chalumeaulx,
amarillis recepuans mainte œillade,
aquelle aura noz doulx chantz pour aulbade:
ais tu n'as rien en tes mains fors vng liure

Pour t'efiouyr, doncques ie te defliure
Vng don diuin, ma fleuſte armonieuſe,
Dont fut Venus iadis tant enuyeuſe,
Pour contenter ſon amy Vulcanus,
Qui à tel bien pourtant ne ſont venus:
Car des long temps predeſtiné i'auoye,
Que pour l'auoir tu te mettroye en voye,
Ce qui m'a faict à Venus l'eſconduire,
Qui n'a pouoir ſur ce reffus me nuyre:
Car aux Bergers ne nuict, leſquelz reſerue
Soubz ſon bouclier la prudente Minerue,
Doncques recoy ceſte fleuſte nayue,
Pour reſonner au tour de ceſte riue,
Auec la belle Amarillis rauie
De ton amour puis qu'ores n'eſt en vie,
Son Tityrus qu'elle met en oubly,
Voyant ton cueur de vertus enobly:
Quand i'apperceus du Dieu Pan la preſent
M'eſtre donné magnificque preſent,
Cinq ou ſix foys la fleuſte ie manye,
Dont procedoit merueilleuſe armonie,
Non que ie vueille aſſumer ceſte gloire:
Car à la fleuſte en ce me doibt on croire,
Il fault donner le l'oz de ces doulx chantz,
Le ſon deſquelz ſ'eſpandoit par les champs,

DV BANNI DE LIESSE 39

n'est donc pas ouuraige de lyon
bon Raffy tresexpert, ce dict on,
de Fradet ne Vacher de Paris,
ny font rien, qu'ilz n'en soient ia marrys,
u que d'iceulx vng chascun est mortel:
is Pan a faict cest ouuraige immortel,
ec lequel i'habitay longue espace,
uand i'euz cogneu d'Amarillis la grace
ui me receut au lieu de Titirus,
oit que feusse aussi pource qu'Ireus:
r ce don grand de Pan qu'elle estima
ut le motif dont tant elle m'ayma,
is deceda en ce lieu d'Archadie,
'une contraincte & dure maladie:
r quand Venus ennuyeuse entendit
ue Pan la fleuste entre mes mains rendit,
soubz ormeaulx eust icelle entendue,
ont par reffus elle en feut suspendue,
oyant aussi que l'aage florissante,
'amarillis estoit ma seule attente,
elibera pour de moy se venger,
marillis à dure mort renger:
e qu'elle feit en fraulde, par bruuaige,
ui feit soubdain consommer son ieune aage,
uoy contemplant ie laisse chantz & vers,

Pour me munir d'ennuys & plainctz diuers
Et laiſſay Pan, lequel veu mon torment
A mon depart ploroit amerement,
Doncques, Monſieur, vous auez bien leu
Ce bon paſteur, lequel de fleuſte on nomm
Aucteur premier, voulant me contenter
Me feit ſa fluſte & prendre & accepter,
Venons au poinct, laiſſons l'art poeticque
Ie vous ſupply que voſtre cueur ſ'applique
A recepuoir ma fleuſte que i'ordonne
A vous ſeruir, & de bon cueur vous donne,
Pour viſiter le Dieu Pan, & cognoiſtre
Que ſon amy il vous veult recognoiſtre,
Et ſi la belle Amarillis eſt morte,
La Oenone verrez qui ſ'y tranſporte,
Qui oublira ſon Paris Alexandre
Pour voſtre amye entierement ſe rendre,
Vous ſuppliant prendre, accepter, & lire
Ce mien eſcript pour vous mouuoir à rire,

Epiſtre .xiii. Enuoyée à Monſe
gneur l'Eueſque & côte de Noy
pour eſtre à ſon ſeruice.

DV BANNI DE LIESSE

Considerant la grand diuersité
Des bons espris, qu'ont tant merité
De leur sçauoir par le monde espandu,
Des ma ieunesse ad ce me suis rendu,
Que par labeur i'eusse pouuoir de faire
Œuure condigne, affin d'y satisfaire,
Et en cela tout le mien art subtil
Iusqu'a present m'a esté inutil:
I'ay intermis le temps ou i'apprenoys
Langue latine, & delaissant les noix:
Mais en la voye ie fus de droict ciuil,
Ou le loisir ie n'eus d'estre subtil:
Car sur le poinct des loix suyure le cours,

Du Mœcenas les moyens furent courts,
Ce Mœcenas, certes c'estoit mon pere,
Qui lors mourut par fortune improspere,
Dont fus contrainct de sa mort m'estonner
Des loix aussi la suyte habandonner:
Car par sa mort de biens magnificence
Digne n'auoye pour la perseuerence.
 Quoy preuoyant (ma muse delaissée)
Ay puis ce temps, la praticque embrassée,
Faisant seruice à gens de prelature,
De secretaire, & de mon escripture,
Tant de Latin que de Francoyse rithme,
Dont toutesfoys ie n'ay pas grand estime,
Lesquelz aussi ie pouoye contenter,
Ou à les suyure, ou à soliciter,
Or Monseigneur pour declairer l'adresse,
Qui m'a induict pretendre à vostre haultesse
Cest que i'ay sceu que vostre face illustre
(A qui noblesse à donné tant de lustre)
Appete fort gens de quelque scauoir
Pour de voz serfz du nombre les pouruoir.
 Ce que par moy, ces iours, consideré
(Veu vostre esprit de scauoir decoré)
I'ay bien voulu offrir à vostre veue
(Qui d'ung regard si subtil est pourueue)

DV BANNI DE LIESSE 41

[...] mien escript pour vous faire cognoistre
[...]'ardent desir m'a prins de me soubzmettre,
[...]mble & enclin soubz vostre reuerence
[...]ur vous seruir en due obeissance,
[...] ce bien me voulez recepuoir.
[...]t si de moy plus grand notice auoir
[...]us desirez, ma terre naturelle
[...] en Berry, Yssauldun on l'appelle,
[...] i'ay esté des bons espris cogneu:
[...]ais ie n'en suis à plus grand bien venu,
[...]mme celuy qui n'estoye fortuné,
[...] bien qui est par Iuno ordonné.
[...] Dont par contraincte en ce pays loingtain
[...] il y a maint personnaige haultain,
[...]puis six moys ie me suys transporté,
[...] d'aultres biens ie n'ay point conqueste
[...]rs grand ennuy (il fault que ie le die)
[...]mblablement tristesse & maladie,
[...]ruant vng fort, ieune protenotaire
[...]e grand scauoir, dont me conuint distraire,
[...]uand il partit depuis six moys en ca,
[...] en ce lieu mallade me laissa,
[...]ont mal muny i'en suis & mal en ordre:
[...]ais le pouuoir d'abolir ce desordre
[...]ous auez bien si vostre humanité

F

Me daigne prendre en deue qualité.
En ce faisant vng docte personnaige
J'auray pour pleige, homme prudent & saige
Bien renommé, plein de bon iugement,
Et aduocat en court de parlement,
Priant à Dieu des biens retributeur,
De vostre corps qu'il soit conseruateur.

Epistre .xiiii. A Monsieur maistre Iehan des fossez lieutenant general D'yssouldun en Berry.

DV BANNI DE LIESSE

Je scay assez qu'vne plus fine ly-
me
Il me fauldroit, pour y lymer ma
rime
Que bon vouloir m'a faict en la voye mettre,
Pour à voz yeulx clair voyans se commettre,
Recepuez donc ce que ie puis lymer,
En lymant ce que ie puis rimer,
D'ung cueur entier (non pas pour satisfaire)
Vous enuoye ce que mieulx ie puis faire,
Et toutesfois c'est bien grande simplesse,
Que mes escriptz cherchēt vers vous addresse,
Car mieulx que moy vostre veine fœcunde
En rime & vers des deux langues abonde,
Voz fosses sont si remplies, qu'a peine
Y trouueray à y loger ma veine,
Ceste fosse est si copieuse en grace
Que mon escript ny trouuera sa place,
En ceste fosse y a tant de scauoir
Que superflu le mien on pourra veoir,
Ce neantmoins le cueur consideré,
Par qui vous est cest escript transferé,
En ceste fosse y aura quelque coing,
Ou vous prendrez de le loger le soing,
Et quelque foys de moy vous souuiendra,

F ii

En le lisant, dont grand bien m'aduiendra,
Et me sera grand honneur, si tel homme
Accompaigné de gens doctes, me nomme,
Nommer i entens, non point pour me louer,
Ne mes escriptz pour doctes allouer,
Ains seulement en leur presence dire,
Cestuy Poete a daigné de m'escripre,
En ce faisant, grand bien me sera faict,
Et me diray amplement satisfaict,
Et de ma part ne cessera ma langue
De vostre honneur prononcer vne harengue
Tant au moyen de vostre art poeticque,
Que du scauoir qui est euangelicque,
En ces deux poinctz bien fort vous excellez
Et les espris de plusieurs precellez,
Dont ie puis dire, & heureux me tenir,
Si vous auez de moy le souuenir,
I'entens, ainsi de moy qu'il vous souuienne,
Que vostre cueur humble seruant me tienne
Sans varier, ne sans que ie desire
Que ce vouloir à plus grand heur se tire,
Ie finiray pour mieulx estre euité
Le vice yssant de grand prolixité,
Priant à Dieu (Monsieur le Lieutenant)
Qu'vng iour soyez au ciel vng lieu tenant.

Epistre .xv. Inuectiue à vng quidam d'Aniou.

J
Ay veu tes dictz pleins d'amertu-
me & fiel,
Et d'ung costé pleins de doulceur
& miel:
[Ma]is tu auras de moy pour y respondre,
[Un]g diable au col qui te puisse confondre:
[Oul]tre ce bien, ie t'enuoye pour estraine
[Deux] ans entiers forte fiebure quartaine,
[Et t]ost apres auoir leu ceste charte,
[Que] soys saisy de ceste fiebure quarte,

F iii

Et quand ce temps prefix sera passé
De fiebure ayant quasi le corps cassé
Qu'en languissant puisse finer ta vie
Sans que nul ayt de t'ayder enuie,
Et si tu meurs, qu'il soit mis sus ta lame,
Cy gist le corps, dont le dyable en à l'ame:
Voila comment santé ie te subhaicte,
Puis qu'auarice en toy faict sa retraicte,
Creue vilain, creue vilain d'Aniou,
Vng iour viendra auquel tu seras iou,
Quand tu verras à bon droict dessaisi
Des biens desquelz sans droict tu te saisi,
Par ton escript admonnester me veulx.
O gros lourdois, pleust à dieu qu'aux cheueu
Peusse tenir ceste teste si fole,
Ie la rendroye beaucoup plus tendre & mol
Que n'est ton vetre, & d'ung cueur réply d'
Ie te feroye de tes propoz desdire,
Creue vilain, que ne puiz tu creuer
Puis que bien scaiz les innocens greuer?
Creue vilain, creue angeuin rebelle,
Par mes escriptz tu auras ton libelle
Tant qu'ilz viuront: mais quel en ton aduis
Vng mal sans fin, voila pour ton deuis,
Vie sans mort: mais i'entendz en langueur

BANNI DE LIESSE

que chascun te face la rigueur,
ire les chiens en leur brutail courage
puissent mordre & inciter à rage,
'il aduient que martire & torment
e le corps prendre definement
e le maling esprit en toy compris
s infernaulx ministres soit surpris,
Aeacus de tes maulx curieulx
de vers toy se monstre, & furieulx
que la roue ou ixion trauaille
y soit ostée, & lors qu'on l'a te baille
Tantalus, la triste & soulcieulx
mmes & l'eau ayant pres de ses yeulx
nt il ne puist appaiser sa soif grande
auoir le fruict prochain à sa commãde:
rs que seras venu en ces bas lieulx
ta venue il luy en preignent myeulx,
du torment de luy soys tormenté
luy du tout demys & exempté,
Cisiphus qui si grand pierre porte
r la montaigne, & de la l'en rapporte
a venue il en soit à deliure
mesme peine on t'applique & deliure
tous tormens d'enfer en general
damantus soit vers toy liberal

Ouidius.

Tuasque
  Aeacus in
pœnas ige
niosus erit.

Ouidius.

Poma pater
pelopis se-
quitur fugiē
tia & idem.

Sempereget
liquidis, sē-
per abūdat
aquis,

F iiii

LES EPISTRES

Ces miens soubzhaictz ne t'aduiendrõt il pas
Certes ouy, & apres ton trespas,
Et en viuant, si vie on doibt nommer
Ceste langueur qui te doibt consommer
Et ce pendant heureux me doibz tenir
Voyant de bref ton martire aduenir.

Epistre à madame de Villebouche.

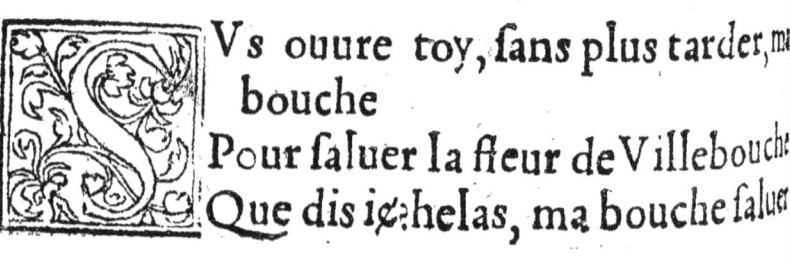

Vs ouure toy, sans plus tarder, ma
bouche
Pour saluer la fleur de Villebouche
Que dis ie: helas, ma bouche saluer

Tu ne la puis, quand tu n'y puis aller,
Mais donc ma pleume apporte le secours,
La bouche a mis en toy tout son recours:
Car d'accomplir il te sera possible
Ce que ie voys à la bouche impossible,
Et toutesfois la bouche aydera
En prononceant ce que pleume escripra
Que veulx tu donc, ma bouche prononcer?
Et toy ma pleume en l'escript commencer?
Quoy? i'ay grand tort, il ne le fault ia dire,
L'une nommer, l'aultre le scait escripre
N'en es tu pas, o bouche coustumiere?
Et toy ma pleume vne tresbonne ouuriere?
Certes ouy: mais de qui vient ce bien?
Est ce de vous? nenny, ie le scay bien:
Car tout prouient de madame Gilberte
En tout scauoir, & louenge parfaicte,
Bouche n'y a tant rude & mal parlante
Qu'elle ne fist estre fort eloquente
Pleume n'y a de si lourde maniere,
Qui de son loz ne treuue assez matiere,
Ma bouche donc qu'est ce que tu diras,
Ma pleume aussi qu'est ce que rescripras?
Quoy: i'ay grand tort, le fault il demander
Quand sa vertu vous le puist commander?

Sus donc ma bouche à la pleume commande
Que par escript elle me recommande,
Premierement à la benigne grace
De celle en qui soubz angelique face,
Soubz yeulx rians, & soubz perruque blonde
Vne bonté immaculée abonde,
Commande apres, o bouche, à ceste pleume
Choisir vng stile aultre que de coustume,
Qui graue soit, plein de bonne sentence,
Pour exalter sa grand magnificence:
Et toy ma pleume à ce commandement
Desobeyr ne vueille aulcunement,
Aïs beaucoup plus que la bouche ne nomme,
Metz par escript celle que l'on renomme,
Estre la plus amyable & courtoyse
Qui soit viuante en la terre Francoyse,
Escriptz aussi que son esprit qu'elle a
N'est discordant à ce grand honneur la,
Escriptz aussi: car le cas est tout seur,
Que sa pareille elle n'a de doulceur,
Et que son sens qui à scauoir aspire
Vng regne vault, voire bien vng empire,
Semblablement couche par ton escript
Quelle a son cueur tout mis en Iesuchrist,
Aymant sa loy, qui tousiours se descoeuure

DV BANNI DE LIESSE

me en la foy qui est morte sans l'œuure, Fides sine
toy ma bou he à nommer le surplus operibus
tendz vng peu, que veulx tu dire plus? mortua est.
uoy? i'ay grand tort, n'est tu pas informée
u'elle est par tout si humble reclamée
ue les petitz, voire bien les plus grandz
 son accueil ne sont point denigrans?
ns d'une voix commune & concordable
sent qu'elle est femme plus charitable
u'il n'en fut onc en estrange contrée
 d'une amour si ferme rencontrée:
ue diras tu, bouche, en aultre langage?
u'escripras tu, ma plume d'auantage?
uoy? i'ay grand tort, conclure il est besoing
ue tout mon cueur, tout mon desir & soing,
ultre n'est point, sinon qu'en grand lyesse
 la seruir vng iour pour ma maistresse,
 que ce iour, dans lequel ie commence
 la seruir, son bien si fort s'aduance
Que cinquante ans auecques son ieune aage
eruir la puisse vsant d'humble courage,
t qu'elle soit de maladie exempte
yant cinquante & mille escus de rente,
oila comment vostre humble secretaire,
ostre heur desire, & pour vous satiffaire

Meſt par eſcript, non ce que meritez,
I'entendz le tout, car toutes voz bontez
On ne pourroit ſi amplement d'eſcripre
Qu'on deuſt iuger l'eſcripture y ſuffire,
Excuſez donc madame ſouueraine,
Si ie n'ay pas la muſe aſſez haultaine,
Pour voz couleurs au vif portraict depaindre,
Et dignement à voſtre loz attaindre,
Vous ſuppliant au lieu de me reſpondre,
De voz ſeruans me colloquer au nombre.

Epiſtre à monſieur maiſtre charles billó, par laquelle l'autheur luy pria de luy faire quelque adreſſe au ſeruice de quelque prelat.

DE BANNI DE LIESSE 47

[L]Ong temps ya que mon miserable estre
I'ay volunté de vous faire cognoistre,
Mais ce vouloir en mon cueur apposé
Mettre en la voye vers vous ie n'ay osé,
[C]har honte & paour me donnoient deux combas
[P]our vous cacher mon stile tendre & bas,
[H]onte faisoit ma pleume se restraindre,
[La] paour aussi faisoit mon vouloir craindre,
[Ma]lheur suruient qui donne a paour la chasse,
[Et] honte aussi par mesme effort dechasse :
[De] malheur donc remercier ie doibz
[Qui] a induict à escripre mes doigz,
[Q]ue dis ie, helas ie le doibz bien mauldire
[Q]uand dessus moy il applique son yre,
[O] malheur donc ie te doibz bien blasmer
[Puis] que tu es en mon endroict amer.
[Or] monseigneur pour vous compter l'affaire,
[Ie] croy qu'auez assez cogneu mon pere,
[Lo]rs qu'a Paris en ma ieunesse folle
[Il] vint expres pour m'oster de l'escolle,
[Et] en ce temps, vous estiez, ce me semble,
[En] vng logis constituez ensemble,
[O]u il vous pleut vecir quelque fantasie
[De] ma ieunesse, & tendre poesie,
[N]on que des yeulz tant clairs elle feust digne,

Mais par autant qu'vng peu eſtoit latine,
Dont puis apres au pays de Berry
D'ouyr mes vers n'auez eſté marry,
Ains quelque fois en merueilleux plaiſir
De me reſcripre auez prins le loyſir,
En vers latins faictz de ſi bonne grace
Qu'ilz approchoient & d'Ouide & d'Horace
Vng peu apres fortune me fut telle
Qu'elle ſe teiſt en mon endroict cruelle,
Car enuieuſe eſtant de mon bon heur
Pria la mort (pour me mettre en douleur)
Rauir mon pere, & ainſi fut il faict,
Dont fut mon heur en vng moment defaict,
Et par la mort de mon pere ſoubdaine
Malheur me vint d'une ioye incertaine,
Car ie cauſoys l'incertaine lyeſſe,
Cuydant mon pere aſpirer à vieilleſſe,
Lequel pour vray n'a laiſſé heritage
Ou beſoing ſoit d'y requerir partage,
En ſon viuant il ne fut onc ſi chiche
Que par ſa mort ie ſoys deuenu riche,
Et touteſſoys ſ'il feuſt ores viuant
A plus grand bien ie ſeroys pourſuyuant:
Or le bon homme alors qu'il me laiſſa,
Comme i'ay dict, grand bien me delaiſſa,

DE BANNI DE LIESSE 48

ui suffisant me deust estre pour viuré,
cores moins pour les liures poursuyure,
est bien vray qu'auant le sien trespas,
despourueu il ne me laissa pas,
ue de tout bien ie feusse depourueu,
ais de ce bien Pallas m'en a pourueu,
r ie ne feis onc Iuno si contente
ue de ses biens estre orné ie me sente,
cores ceulx que Pallas m'a donné
nt bien petis, dont ne suis estonné,
r telz qu'ilz sont (auec la volunté)
roient seruice à gens d'authorité,
oncques monsieur, voyant mon pere mort
Qui en mon cueur est vng piteux remord)
delaissay ce pays (en effect)
is que Iuno auoit vers moy forfaict,
en ce lieu ie me suis transporté,
u encor moins Iuno m'a supporté,
r puis sept moys vng prelat que seruoye
est absenté de moy par longue voye,
ui dans deux moys apres, ou à l'entour
ebuoit venir, & estre de retour,
l'amytié que i'ay vers luy patente
a tormenté d'une si longue attente,
que ie n'ay si bien sceu reculler
u'il n'ayt faillu ma bourse en acculler,

Et mes habitz, dont voyant ce desordre,
Ie presumay que pour y donner ordre
Vous enuoyrois ceste presente lettre
Pour vous prier, vous vouloir entremettre
En quelque lieu si bien me colloquer
Que de Iuno ie me puisse mocquer,
Vostre faueur m'y peut authoriser,
L'authorité vostre, fauoriser,
Quelque prelat, ou aultre d'apparence
Prendre me peut soubz vostre cognoissance
Si vous supply ce bien me prochasser
Mon cher seigneur, pour mon malheur cha
Ie ne demande argent, coing, ne billon,
Fors vostre ayde, o monseigneur Billon,
En ce faisant ie seray desormais
De vous seruir, obligé pour iamais,
Et beniray le Billon, & la bille
Et le billard qui si proprement bille,
Vous mercyant d'auoir si bien billé
Que mon billard par vous soit rabillé,
Et beniray cinq cens fois le billard
D'auoir trouué si grand en la bille art,
Priant à dieu qu'auoir puissiez autant
De vray billon, qu'il vous rende content,
Et que santé de ce Billon pourueue
Faillir en vous, de trente ans ne soit veue.

Cy commencent les rondeaulx
du banny de lyesse.

Rondeau à vng maistre ioueur
d'espée nouueau maryé.

De iour & nuyct tu te puis bien vanter
auoir le temps & loysir de iouster,
et tu as lieu ou addresser ta lance
qui d'ung anneau seruira de semblance,
mais si tu veulx de coups d'espée hurter

Tu as bouclier pour y bien resister,
mais garde bien de ne point desister,
car ton espouse a bien forte puissance.
   De iour & nuyct.

Ce dur tetin en coupz peut persister,
sa ferme cuisse à l'esbat t'inciter,
ses yeulx rians te frapper à oultrance,
puis son amour te donner allegeance,
tu as trouué doncques à qui lucter
   De iour & nuyct,

       G

Aultre rondeau à vng filz de prince religieux.

SI m'oubliez ie ne voys qui s'effor[ce]
Mon malheur grand surmōter p[ar]
diuorce,
Fortune donc vng malheureux a mys
En desespoir, sans support & amys,
Ce desespoir mon dur torment renforce,

Et ce torment me faict souffrir sa force,
En moy n'ya doncques nul soulas, fors ce
Que ie pretendz, duquel ie suis demys,

  Si m'oubliez,

Dont me desplaist de ne vous veoir la cro[ce]
Ou le chappeau, car estre roy d'Escoce
Ie ne vouldroys, n'a plus grand heur admis
Qu'a vous seruir, mon cueur y est submis,
Mais ce pendant ie suis plus sec qu'escorce

  Si m'oubliez.

Rondeau à Clement marot prince des poetes Francoys.

Comme à Plato ie croy qu'en ton enfance
Dans le berceau, en signe d'eloquence,
Mouches de miel te remplissoient la bouche,
Car nul fort toy, si doulcement ne touche
Maint hault scauoir, ne si graue sentence,
Mon iugement, au vray, de toy sent en ce,
Et si n'ay paour d'en meriter offense,
Car en ton art autant d'honneur ie couche

Comme à Plato,

Tu sembles donc à Plato de science,
Mais il y a vng peu de difference,
Grec il estoit, mais quand ta rime attouche
Tu le vaulx bien, ie croy qu'en mesme couche
Mouches de miel te donnoient abondance

Comme à Plato.

Rondeau à vng promettant dissimulateur.

S Ans en mentir, ie croy qu'il fault tenir
Ce qu'on promect, & n'y contreuenir:
Quant est de toy, ta bouche ne reculle
De bien promettre, & la promesse est nulle,
Tu te veulx donc de bouche soustenir

 Franc à prester, pour vng bruyt maintenir,
C'est perdre temps, tu n'y puis aduenir,
Car ie diray, que ta voix dissimule

  Sans en mentir.

Tu dictz assez, i'ay mis en souuenir
Nostre amytié, & pour la retenir
Ie veulx pour vous que ma bourse s'acculle,
Ce sont tes dictz, mais ainsi qu'vne mulle
En vng arrest ne te puis contenir,

  Sans en mentir.

Aultre rondeau à monsieur le prothenotaire de Bours.

De plus en plus necessité me presse,
Et mon escript vers vous faict pre-
dre addresse,
Pour vous prier de me prester la
somme,
Que vous sçauez, sans que ie la vous nomme,
Et touteffoys si vous demandez qu'est ce?
Ie vous diray: Monsieur, vostre noblesse
Est secourable, & n'a point de rudesse
Secourez moy, vous obligerez l'homme.

De plus en plus,

En ce besoing, si vsez de largesse,
Cause serez de chasser ma tristesse,
Qui à present malheureux me renomme,
Si vous voulez qu'aultrement me surnomme
Secourez moy, si que mon debte croisse,

De plus en plus.

G iii

LES RONDEAVLX

Rondeau à maistre Iehan Guilloteau son cousin germain, par luy fort aymé.

Par trop aymer vous me desestimez,
Car mon amour vers vous point n'estimez,
  Ie le cognois, puis vng peu seulement
Car vous cessez d'aymer perfaictement,
Aymer n'auez de propos animez:
  Mais ceste amour (si amour la nommez)
Rien ne me sert, car plus vous ne m'aymez,
Dont ie n'acquiers sinon contemnement,

      Par trop aymer.

En ma presence amy me surnommez,
Mais ie cognois que vous me deprimez,
Ie ne dis pas que tout appertement,
Point ne m'aymez, mais si petitement,
Que mon esprit du tout vous consommez

      Par trop aymer.

ondeaulx interlocutoires d'ung
ieune amant & s'amye, & la
conclusion de l'aucteur
sur iceulx.

L'amant commence.

Ce grand bien de grace non pareille
Qui est en vous, vng ardeur immortelle
faict languir, qui n'a pouuoir s'estraindre,
e voulez vous mesmes la restraindre:
ieu cruel, Cupido qu'on appelle,
uis que tu m'as liuré playe mortelle,
s que mon mal puisse sentir la belle,
elle aussi permettez moy d'attaindre,
    A ce grand bien.

i me donnez ceste amour mutuelle,
eruiray, mais en volunté telle,
e vous direz mō cueur point ne se faindre,
aulx danger ne me fera point craindre
cun peril, si peruient ma nascelle
    A ce grand bien.

LES RONDEAVLX

L'amye.

I c'eſt pour moy qu'auez ceſte ſouf-
france,
Auoir n'en puis perfaicte expe-
rience,
Et mesbahis que telle me rendez
Souffrant vng feu, ainſi que me mandez,
En voſtre cueur qui croiſt par ma preſence,
  Par la beaulté que vous me donnez en ce,
Ie ne ſcay point ou giſt voſtre allegeance,
Doubtant touſiours comment vous l'entedez

Si c'eſt pour moy.

Ceſte beaulté & grace d'excellence
N'eſt point en moy, & vous fais aſſeurance,
Vous ſuppliant qu'ainſi le pretendez,
Que ie ne ſcay le poinct ou vous tendez,
Et en vouldroye bien auoir cognoiſſance.

Si c'eſt pour moy.

DV BANNI DE LIESSE.

L'amant.

C'Est tout pour vous qu'vng si grand mal i'endure,
Vostre beaulté ce torment me procure,
à mon cueur donne perplexité,
dont croist mon mal plein de calamité,
que de viure en ce monde n'ay cure,
Puis que cueur vostre en cruaulté dure,
dont perdz l'espoir, qui m'est peine fort dure
J'ay ces maulx par vostre grand beaulté.

C'est tout pour vous.

J'ay enduré pour vous mainte froidure,
J'y mis le corps pour vous à l'aduenture,
J'ay souffert pour vous aduersité,
dueil & ennuy pour vous ma visité,
& non pour aultre, ainsi ie le vous iure.

C'est tout pour vous.

La dame.

I Ay bien raison de porter gr[ant]
rancune,
Au desplaisir qui tant vous i[m]
portune,
Dolente suis d'ung si grand desplaisir,
Lequel pour moy vous est venu saisir,
Ie vous asseure en detestant fortune,
Que femme suis sur toutes aultres vne,
Qui n'a le cueur changeant comme la l'un[e]
Ains est bien vostre, à vous faire plaisir

I'ay bien raison.

Aussi ie croy par raison opportune,
Dont pour m'aymer dictes hayr chascune,
Que ne vouldriez mon amytié choisir,
Affin d'honneur du tout me dessaisir,
Dont vous aymer, si le doibt faire aulcune

I'ay bien raison.

L'amant.

Ce n'est rien dict, ce poinct auquel i'a-
　spire
Et dont pour vous mon cueur pauure
　souspire
[f]aict sinon que m'oster l'esperance:
[L]e grand feu qui me donne à oultrance
[P]lus en plus sa grand rigueur attire
[M]on mal, helas, incessamment empire
[P]risté suis, dame, soubz vostre empire
[N]e pouuez me donner deliurance.

Ce n'est rien dict.

[Si] à ce feu secours ne se retire
[Mou]rir pour vous me conuiendra martire
[L'ea]u de la mer vint elle en abondance
[Des]sus mon feu elle n'auroit puissance
[Le s]eul remede auez pour y suffire.

Ce n'est rien dict.

LES RONDEAVLX

La dame.

Ostre douleur par moy ne puit croistre
Et si grand feu en vous ne puis cognoistre
Que ie seulete estaindre le merite
Donnant secours au mal qui vous agite:
Car ie cognois la beaulté qui puist estre
  En moy petite,& telle n'apparoistre
Que par icelle vng tel feu puisse naistre
En vostre cueur ou tant se solicite.

Vostre douleur.

Ce neantmoins puis que tant recognoistre
Vous appercoy mon serf au lieu de maistre,
Vostre seray, voulant qu'en liberté
Soit vostre esprit, laissant captiuité
Pour alleger, puis qu'il m'y fault soubzmettre

Vostre douleur.

L'amant, apres la iouyssance.

Quel plaisir d'auoir l'haulte habõ-
dance
D'ung bien si grand que donne
iouyssance
[tri]buant l'amoureuse liesse
[en nul] endroict, sans vser de rudesse:
[Cu]pido par ta digne puissance.
[Tu] me permectz de mettre en oubliance
[Le se]ul plaisir ou gist ma confiance
[Q]ui me faict oster toute tristesse.

O quel plaisir.

[Y] a il au monde vne telle plaisance
[Qui] à mon bien soit iuste preference,
[No]ny pour vray, c'est vne grand proesse
[D'av]oir conquis vng cueur plein de noblesse
[Ou] gist ma vie & ma mort sans doubtance.

O quel plaisir.

LES RONDEAVLX
La dame au depart de son amy.

Our vng tel heur, dont amour m'ap
ueue
En peu de temps il m'en à despo
ueue,
Ie perdz mon bien, mon soulas & ma ioye
Puis qu'il me fault choisir vng aultre voy
Ou me conuient absenter de ta veue
 Sans que ie soye de mon amy reueue
Mauldicte soit l'heure dont il m'a veue
Qui est moyen que mainte douleur i'aye

   Pour vng tel heur.

Las ie n'auoye ceste allée preueue
Partir me fault, dont ie suis esperdue
En grand danger que iamais ne te voye,
A faulse amour que bien ie ne scauoye
Le dueil present auquel tu m'as rendue.

   Pour vng tel heur.

L'amant.

Pour vng soulas & bon contentement
Souffrir me fault grief martire & torment,
[Lor]s que debuoye du bien me contenter,
[Te]quel amour m'auoit sceu presenter:
[Et] qui pourra souffrir l'eslongnement
[D]e celle ou gist tout mon allegement
[Qui] pensoye iusques au iugement
[Seu]re de ce qui me vient tormenter.

Pour vng soulas.

[Q]ue me profite ores le traictement
[De] l'heureux fruict, puis que fortune ment
[Qui] promettoit iamais ne l'exempter
[Hor]s de mes yeulx, ne si grand bien m'oster
[Ie] suis contrainct prendre definement.

Pour vng soulas.

La dame.

E partement m'est dure cruauté,
Qui à mon dueil donne immortalité,
Dont en ce lieu ou chemin me fault prendre
Me conuiendra mourir sans plus attendre
Mais ceste mort pleine de grand durté.
   Me suruiendra pour auoir ta bonté
Deuant mes yeulx, & ferme loyaulté
A Cupido que ne puis tu deffendre.

Ce partement.

A Dieu amour, à Dieu fidelité,
A Dieu mon heur, à Dieu prosperité,
A Dieu soulas, à Dieu mon plaisir tendre
Tel qu'on ne puist à bon droict le reprendre
Estre la faict court en felicité.

Ce partement.

L'amant.

Il me desplaist qu'en ce mortel
affaire
Par vne mort ie ne puis satisfai-
re
A la douleur que souffrir vous
conuient
[Puis] que ce mal de mon endroict prouient
[Pou]rquoy, helas, cela ne se puist faire
[Q]ue deux vies i'eusses pour me retraire
[De]ux fois au pas de la mort & repaire
[Co]nsiderant que cela ne m'aduient.

Il me desplaist.

[Il] me seroit vng grand bien necessaire
[Mo]urir deux foys en torment fort austaire
[Po]r celle la par qui ma peine vient
[Du]lce par mort si tost la mort suruient
[De] viure plus i'en ay cause & matiere.

Il me desplaist.

H

LES RONDEAVLX

La dame.

AV departir de vous mon amy
cher
Soyez certain que de ma ten-
dre chair
S'eslongnera l'esprit en gran-
de douleur,
Mais incertain ne sera mon malheur:
Car par escript ie le feray coucher
Si sur ma lame on vient l'œil approcher
Le cueur aura bien plus dur qu'vng rocher
Qui par pitié ne change de couleur.

Au departir.

O donc amy il me doibt bien fascher
D'estre subiecte vng tel amant lascher
Plein de noblesse & remply de valeur,
O Atropos ie prise ta rigueur
Si tu me veulx de ce monde arracher

Au departir.

DV BANNI DE LIESSE 58

L'amant.

Pour dire vray il m'eust bien valu mi-
eulx
N'auoir point veu le traict de voz beaulx
yeulx
Pour acquerir iouyssance si courte
Qui de son sens mon pauure esprit deboute
Le temps n'eust pas esté tant ennyeulx
Contre mon bien, ne si fort enuieulx
L'ostant ce dont i'estoye trop soulcieulx
Dont maintenant ce plaisir cher me couste.

   Pour dire vray.

Faulse Venus ton bien solacieux
Que mainte gent trouue delicieux
Totalement l'espoir de viure m'oste
Faisant mourir le corps en crainte & doubte
Amour m'est doncvng mal pernicieux

   Pour dire vray.

H ii

La dame.

Mort haste toy, qui te faict diffe-
rer
Que tu ne viens l'esprit me transf-
ferer?
Quand en viuant i'ay trop plus de souffrete
Que si à toy ie faisoye ma retraicte,
Las haste toy ce bien me conferer,
　Plus grand il est, ce i'ose proferer,
Qu'on ne pourroit penser ne referer
Puis qu'en viuant ie fais trop grande perte.

　　　Mort haste toy.

De ce torment ne me veulx retirer:
Car à soulas plus n'entēdz aspirer
I'ay trop perdu, ma douleur est apperte
Ia de ma vie esperance est distraicte
Vouloir n'ay plus au monde respirer

　　　Mort haste toy.

L'amant

Is moy pourquoy fortune furieuse
Tu as esté de mon mal curieuse
Ayant mon cueur estroictement surpris
D'une langueur, dont iamais ne fut pris?
O volupté trop brefue & malheureuse,
O cruaulté de mon bien enuieuse
Qui fais ma vie estre soliciteuse,
Ung dueil mortel en mon cueur as compris,

Dis moy pourquoy.

La volupté qui m'estoit fructueuse
Offrant le don de lyesse amoureuse
De me laisser mourir a entrepris,
O desespoir (tu n'en sera repris)
Que ne fais tu ma mort plus doloreuse.

Dis moy pourquoy.

H iiij

Les rondeaulx

Rondeau à madame Gilberte guerin, dame de Villebouche en la Marche.

V   Ous lauez dict, madame, que ie
       cesse
         De saluer, par vers, vostre noblesse
Cesser, helas, pourroye ie confesser,
En vostre endroict que ie peusse cesser,
Non, certes non, cela point ne confesse,
  Car en mes dictz coprise est vostre haultesse
Tant que viura le Banny de lyesse,
Sa plume n'a pouoir de s'en lasser,

     Vous l'auez dict.

Il est bien vray que i'ay grand hardiesse
D'escripre à vous madame & ma maistresse,
Mais le franc cueur ne peut son feu laisser
A vous seruir, vous debuez donc penser
Que mes escriptz en vostre edroict n'ont cesse

     Vous l'auez dict.

L'autheur sur la conclusion des
rondeaulx interlocutoires
& mort piteuse des
deux amans

Quand le dernier rondeau de cest amant
Qui ca & la s'en alloit reclamant
Fut mis aux yeulx de sa loyalle amye
Qui ia de dueil estoit morte à demye,
La belle adonc de sa tant blanche main
Tire vng cousteau cruel & inhumain,
Disant ces motz, auant que se ferir:
O amy franc qui pour moy veulx mourir,
Comme ie puis par ton escript entendre
Plus tost, helas, ie le veulx entreprendre,
H iiij

Conclusion des rondeaulx

Car ceste mort plus m'est consolatiue
Que tant languir triste & desolatiue,
Plus grand soulas sera finer ma vie
Que viure ainsi de mon amy rauie,
Car ie scay bien que par mon partement
Viure il ne peut fors en dueil & torment,
Doncques voyant que ceste mienne absence
Cause son mal, de mort la violence
Ie ne craindray, l'esprit deuant les dieulx
Tesmoing en soit, le sang deuant ses yeulz,
Ces motz finis, du glaiue alors tiré
Aupres du cueur le coup s'est retiré,
Dont on eust veu sa main sanguinolente
Auant le coup sur la neige eminente,
D'aultre costé l'amant calamiteux
Faisoit complainte & regret fort piteux
Iusques à ce que dame Renommée
En tous endroictz a sa trompe sonnée,
Et par sa voix qui onc rien ne cela
Ceste aduenture à l'amant reuela,
Lequel oyant ce bruyt il se transporte
Droict en ce lieu ou sa dame estoit morte
Qui n'estoit mise encor en sepulture:
Or deist il lors, O piteuse aduenture
Voyant son corps sus la terre estendu

DV BANNI DE LIESSE

le cousteau de sang vermeil rendu.
ma seur tendre, o ma dame loyalle
mon endroict qui tant fut cordialle,
[...]ssé Atropos tu monstre bien la ruse
[...]nt ton vouloir peruers & cruel vse,
[...]ens donc à moy, plus n'ay plaisir à viure,
qu'au palus infernal ie veulx suyure
chere seur, & sans craindre le nombre
[...]spritz hydeulx le mien suyura son vmbre,
[...]mant adonc furieux & transsy
[...]ra son cueur du cousteau mesme aussi,
[...]la comment de deux amans aduint
[...] trop aymer à qui mourir conuint.

L'epitaphe des deux amans mis sur le tumbeau.

Le corps icy de deux amans repose,
dieu d'amours en fut premier motif,
de deux cueurs (qui est vne grand chose)
[...]ng mesme coup il fut inflammatif,
[...]s le soulas fut court & transitif,
leur depart aduenu par contraincte
[...]si que i'ay leur hystoire depaincte,

Feist departir l'ame du corps aussi,
O viateur d'aymer ainsi prendz crainte,
Considerant cest epitaphe icy.

Premiere ballade sur le iuge-
ment de Iuno, Pallas
& Venus.

Estant seulet autour d'ung verd bocage
Pour inciter l'esprit à poësie
Fuyant l'ardeur de Phœbus en l'vmbrage
Ie resonnoys de ma fleuste moysie
Par cy deuant, maint carme poëticque
Oultre passant le dieu Pan archadicque
De mes doulx chantz & accordz de mesure
Plus resonnans que les tons de Mercure,
Lors qu'il endort par chantz doulx & meur
Le monstre Argus, lors donc estoit ma cure
D'aymer Pallas, non Iuno, ne Venus.

En ce propos & tant ferme courage
De veoir Pallas pleine de courtoysie
Deuant mes yeulx s'offrit son personnage
Auec Iuno & Venus, la choisie

DV BANNI DE LIESSE 62

ce leur fut, Pallas scientificque,
me compter leur different s'applicque,
stoit des troys à qui seul par droicture
z donneroye, sans fainctꝫ ou couuerture,
llas l'emportꝫ, & mes dictz retenus
sa faueur, car tellꝫ est ma nature
aymer Pallas, non Iuno, ne Venus.

enus adonc cuyde creuer de raige,
ins que Venus Iuno ne se soulcie,
effusay richessꝫ & heritaige,
de Venus, cela vous certifie,
int doulx baiser, & du corps deificque
court plaisir, ioinct en amour lubricque:
is ie me tiens aux biens que me procure
me Pallas, c'est au sçauoir qui dure
tes la mort, nous sommes donc tenus
s varier dessoubz son armature,
aymer Pallas, non Iuno, ne Venus.

tince du ciel qui noz biensfaictz mesure
s que Pallas enseigne ta facture,
que soyons en ce lieu peruenus
i est promis à l'humble creature,
ymer Pallas, non Iuno, ne Venus.

BALLADE
Balade sur la natiuité de Iesuchrist.

Pauures humains qui vous glorifi[ez]
D'honneur mondain, y cau[sez]
voz esbas,
Les faictz de cil sont plus clari[fiez]
Qui pauurement voulut naistre ca bas,
C'est le diuin verbe, dont tout prouient,
En Bethléem, dont l'origine vient
C'est à scauoir quant à l'humanité)
Au corps humain meist la diuinité,
Iugez par la que le souuerain maistre
Des elemens, en grand humilité,
A bien voulu en vng pauure lieu naistre.

En dignité, fuyant lignaige bas
Changez propos, & vous mortifiez
Contre le corps resistez par combatz,
De charité armer il vous conuient,
Contre la mort qui prochaine suruient,
En vostre naistre ou est la dignité,
Est ce le corps plein de fragilité,
Ie vous supply n'extollez plus vostre estre,

DE BANNI DE LIESSE 63

tout puissant, qui plus a merité,
en voulu en vng pauure lieu naistre.

hault honneur de biens iustifiez
ne serez, cela ie vous desbas,
x honneurs terriens vous confiez,
e l'esprit mettez guerre & debatz:
ar les biens mondains on ne prouient
ieu duquel ioye & eternelle aduient:
ognoissez que c'est temerité
mer les biens, sans auoir charité,
elle pour mieulx nous faire apparoistre,
eau Daulphin du ciel en deité,
en voulu en vng pauure lieu naistre.
   Enuoy.

maintiens donc que c'est grand vanité,
t extoller nostre natiuité,
i est si orde, ainsi qu'on puist cognoistre,
uy qui naist sans immundicité,
ien voulu en vng pauure lieu naistre.

BALLADE

Epiſtre en forme de ballade
à vne ſienne amye doubtant
ſa fermeté, auecques la-
quelle, il luy enuoya
vng flacon de maluoi-
ſie pour ſon eſtreine.

NE doubtez plus, belle, plus ne doub(tez)
De mõ amour, il n'en fault plus doub(ter)
Cauſe n'ya que dueil vous en portez:
Car ferme ſuis ie m'en puis bien vanter,
Ceſte beaulté de vous tant ſouueraine
A aultre aymer ma volunté ne meine,
Fainct ie ne ſuis, ne plein d'ypocriſie,
Puis qu'en tel lieu ſe mect ma fantaſie,
Si que l'eſprit & corps vous habandonne,
Fuyez, helas, ce mal de ialouſie,
Ie ne pourroye changer voſtre perſonne,
Et ſi de moy trop vous meſcontentez,
Certes pour vous complaire & contenter
Par moy ſeront tous perilz intentez,
Sans que d'iceulx ie me vueille exempter,

DV BANNI DE LIESSE

...r vous seruir, sans craindre mal ne peine,
...r encourir en vostre grace pleine,
...cueur ialoux, pire que punaisie,
...ntrez donc point, c'est folle frenaisie,
...vous aymer seule, i'ay cause bonne,
...es beaultez venoient de toute Asie,
...e pourroye changer vostre personne.

...essez voz pleurs, plus ne vous tormentez,
...tre que vous ie ne veulx frequenter,
...ez le dueil que sans cause augmentez,
...ng lieu si bon mon cueur ne veulx oster,
...ous enuoye, pour vous faire certaine
...mon cueur ferme, vne petite estreine,
...st vng flacon de bonne maluoisie,
...e vous aymez quand en serez saisie,
...sez à moy, l'amour que ie vous donne
...fermeté ne sera desaisie
...e pourroys changer vostre personne.

...nce d'amours qui as faict la saisie
... deux amans, appaise & rassasie
... dueil de celle, ou mon desir s'addonne,
... soyez donc belle de pleurs saisie,
...ne pourroye changer vostre personne.

Le premier Epitaphe de frere Morice bon biberon.

CY gist le bon frere Morice
Du Dieu Bacchus, non pas nouice
Mais en son art maistre iuré,
Lors qu'en sa force il a duré,
Il feut vng biberon expert,
Et d'aualler ce vin couuert,
Le frappart onc ne s'estonna:
Mais quand le nez luy boutonna,
Et que saphirs de son visaige
Portoient suffisant tesmoignaige
D'oster l'espoir de viure plus,
Pensons, dist il, donc au surplus
Qu'on me donne à boire vne dragme,
A dist le conuent, sauluez l'ame
Frere Morice, & en ce lieu
Deuant que de nous dire à dieu
Implorez sa misericorde,
Vrayement, dist il, ie m'y accorde,
Et si delaisse entierement,
Ce que ie acquis au conuent,
Ce sont saphirs, boutons, rubis,
A dieu freres, c'est pro vobis.

L'epitaphe de charité morte au monde.

CY gist dessoubz ce petit mouement
Celle de qui l'on ne tenoit grand
   compte,
C'est charité qui par contemnemēt
Qu'ō luy a faict, nous laissē, & plus hault mōte,
Est au seiour eternel qui surmonte,
Humain repos, la donc s'est retirée
Par le deffault d'entretien expirée,
Monde, en qui n'y a l'oy, ne droicture,
Mais qu'auarice est par toy desirée,
Charité perdz qui gist en sepulture.

Aultre Eipitaphe de colin le lanternier.

CY gist le lanternier colin,
En son viuant de bonne grace:
Car il scauoit son patelin,

Qu'il apprint à sa femme Eustace,
Il eut vng peu longue la face,
Et si aymoit vins delicatz,
Combien qu'il n'eut or ne ducatz
Pour auoir faict mainte lanterne,
Il mourut (qui est vng grand cas)
Plein de saphirs à la tauerne.

Epitaphe de la mort de Loysel, d'une damoiselle bié gracieuse qui pria l'aucteur en faire la deploration.

OR est il mort l'oyseau foiblet & mince,
Cessez les pleurs, pourtant ma damoy
selle,
Le mieulx appris, qu'oncques eut roy ne prince
De son babil passant la Turturelle,
Puis que sa vie estoit doncques mortelle,
Cessez voz plainctz, car sa voix tant aymée
A tout iamais luy cause renommée,
Et par son chant, dont il auoit victoire
Sur tous oyseaulx, sa doulceur estimée
Morte n'est point, ains accroist sa memoire.

Epitaphe de l'excellent ioueur de fleuste de Poictiers.

O Viateur passant par ces sentiers,
 Arresté vng peu tes yeulx sur ceste lame,
[bon] ioueur de fleuste de Poictiers
 logea son corps, & au ciel l'ame,
on la veu pour sonner alarme,
 pour tenir auec chantres mesure,
excellent qu'oncques en feit nature,
nt on maintient, quant est de sa naissance,
e du Dieu Pan il fut filz par droicture,
s chalumeaulx, dont il eut cognoissance.

Epitaphe de monsieur Budée.

POurquoy dis tu France que le trespas
 De cil as sceu qui trespassé n'est pas?
st de Budée estre mort que tu tiens,

I ii

Lequel viuant contre toy ie fouftiens,
Or eft il mort, Diras tu par enuie,
Et ie refpondz, il eft encor en vie,
Car celuy vit, dont viuanté eft la gloire,
Et qui de luy nous laiffe la memoire,
Le corps n'eft rien remply d'humanité,
Sinon que vers pleins d'immundicité,
Doncques il vit, iacoit que fe confomme
Le corps terrien d'ung fi excellent homme,
Il eft viuant, & viuent ces efcriptz,
Lefquelz iamais on ne verra perfcriptz,
Dont chafcun void qu'il a l'honneur códig
De langue grecque, auffi de la latine,
Or ie conclus qu'il vit, & fi eft mort,
Doubtant fi c'eft vne efpece de mort,
Dis eftre donc voyant fa fepulture,
L'efprit au ciel, le corps en pourriture.

Epitaphe de frere Touffainctz.

Cy gift le corps d'ung petit moyne,
Duquel l'efprit feut plus ydoine,
Au ieu d'amours qu'es liures fainctz,

DV BANNI DE LIESSE. 67

...stoit le bon frere Touſſainctz
...i feit vng long voyaige à Rome,
...on retour veid vne nonne,
... pour vous abreger le compte,
...re Touſſainctz ſur elle monte,
...es luy demandé eſt ce aſſez,
...t elle amy recommencez,
...ſcun auoit de ſon coſté
... mieulx combatre volunté,
...res le ieu penſons, dit il,
... quelque art, & moyen ſubtil,
...us retirer au monaſtere,
...ſt le meilleur pour le repaire,
...and le conuent veoit retorné
...re Touſſainctz accompaigné
...r lors d'une femme publicque,
...ez, dit il, frere lubricque
...in de vouloir luxurieux,
...g tel que vous religieux
... ce ſainct lieu ne viura point,
...mme vous, la chair ne nous poingt,
...ez ailleurs, a mes amys,
...ſpondit le frappart, i'ay mys
...iné & labeur de cy conduire,
...le entendue à vous inſtruire,

I iiii

LES EPITAPHES

Du passetemps & grand plaisance
Que i'ay trouué en iouyssance
I'y voy plus de gaing que de perte,
La porte, adonc leur fut ouuerte:
Car la beaulté de ceste dame
Leur auoit rauy corps & ame
A l'entretenir doulcement,
Doncques dessoubz ce monument
Le moyne est mys en sepulture
Qui fut de si bonne nature.

L'Epitaphe de Ragot, maistre des coquins de Paris.

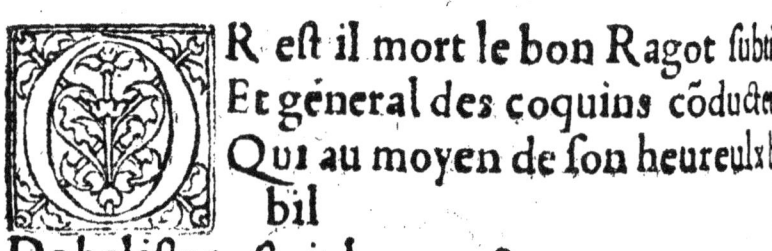

O R est il mort le bon Ragot subti
Et géneral des coquins códucte
Qui au moyen de son heureulx
bil
De belistre estoit le protecteur,
D'infectz boyteulx, meseaulx gubernateur,
Dont on auoit pitié par sa traffique,
Puis son babil luy seruoit de practique
L'odeur du gaing louant de toute chose.
Priez à Dieu, coquins qu'en ioye cœlique
Il le recoypue, & son ame y repose.

L'Epitaphe de Tibault des loges tauernier.

Y gist le corps du bon Tibault des loges,
Mais son esprit est aux astres logé,
Les instrumentz des veneriques forges
[D']ng plus courtoys homme n'auoient forgé,
[Piteu]sement de nous s'est estrangé
[A]yant laissé au monde sa logete,
[Où] maintesfois Alix & Antoinete
[Al]loient iouer auecques leurs amys,
[Po]ur les fesser, cueillans de l'herbe verte,
[Ori]sons pour cil dont le corps cy est mys.

Fin des Epitaphes.

Les Epigrammes du banny de Lyesse.

Piteusement ie chante ma partie
Quand ma lyesse est en dueil cõ
uertie.

Dixain d'ung bon compaignon Cordelier.

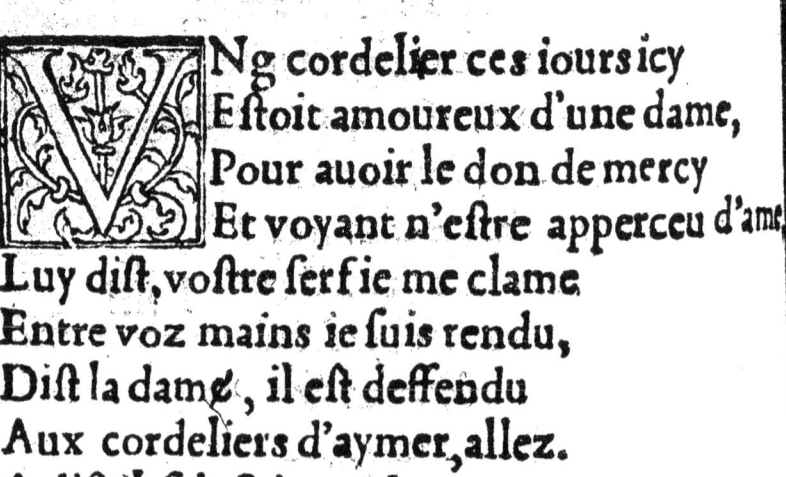
Ng cordelier ces iours icy
Estoit amoureux d'une dame,
Pour auoir le don de mercy
Et voyant n'estre apperceu d'ame
Luy dist, vostre serf ie me clame
Entre voz mains ie suis rendu,
Dist la dame, il est deffendu
Aux cordeliers d'aymer, allez.
A dist il, si ie suis tondu,
Si n'ay ie pas les reins gelez.

Dudict cordelier, & de ladicte dame.

A dame veoid qu'il veult sans cesse
Iouyr de l'amoureux desir,
Considerant sa hardiesse
[ ]e propoz luy donne plaisir,
[El]le luy dist, me dessaisir
[De] mon honneur, c'est chose grande,
[ ] dist il, petite friande,
[E]n s'escarmouchant, laissez faire,
[Ie] croy deuant que ie me rende
[Il] sera souuent à refaire.

Dixain d'ung nouueau marié.

[L]E mary ceste nuict premiere
Ou il conuient que le cueur vaille,
[Di]st à l'espousé, o ma seur chere,
[Ie] vous veulx liurer la bataille,
[Vou]lez vous l'estoc, ou la taille?
[De]ffendez vous, voicy la poincte,
[Ce] dist l'espouse, ma contraincte
[Ne] puist euiter ceste esmorche,
[Ie] n'en feray proces ne plaincte,
[Si] ie ne voys que l'on m'escorche.

LES EPIGRAMMES
De Iehanneton & Iacqueline en
habit, & grace separées.

EN contemplant l'habit de Iehanneton
Qui est de gris,& son maintien si braue
Contrainct ie suis de luy dire en bas ton
Vostre doulceur ma grand langueur agraue,
Puis en voyant Iacqueline au port graue
En habit noir, que doibs ie plus aymer?
Ou la premiere en doulceur estimer,
Ou la derniere auoir plus aggreable
De grauité, sans rien desestimer
Iehanneton est beaucoup plus amyable.

A vne sienne amye.
Es iours passez grand volume i'auoye
Vous enuoyer vne petite estre-
ne,
C'estoit mon cueur nauré, que vous enuoye,
Nauré est il de vostre amour haultaine
Il va vers vous pour abreger sa peine,

Et droict se meet en la voye de mercy
Laissant le val de dueil, & de soucy,
Puis qu'il a donc ce chemin entrepris,
Traictez le bien & de sa part aussi
D'estre loyal il a tousiours appris.

A elle encores.

Estre vous veulx ceste année
estrainée
D'vng beau mary gracieux
Affin que vous soyez mieulx
fortunée.

D'ambroyse & Pierre blaissez freres, filz d'vng tappissier de haulte lisse.

L'ouurier de vous quand il vous composa,
Feist le corps de vous deux bien semblable,
Mais le dieu grand, qui l'esprit y posa,
Auec le corps feist l'esprit concordable,
Ce que l'vng veult est à l'aultre aggreable,
Et perç a bien les deux corps compassez,

Mais dieu vous a bien plus recompensez
Quant à l'esprit, car amour mutuelle
Ne cesse en vous, & rien vous ne pensez,
Qu'en le pensant, l'ung l'aultre n'y appelle.

De Philippe blessé leur seur fille de grand beaulté.

Ceste beaulté, qui en vous apparoist,
Faict à sçauoir que le maintien a grace,
Car si la face en florissant accroist,
Ie croy qu'autant croist l'esprit que la face,
Il est bien vray que vostre face, efface
Toutes beaultez, selon mon iugement,
Mais vostre esprit declaire appertement
Que vous auez vng espoux merité
Qui ait des biens mondains non seulement,
Mais corps aussi de naifue beaulté.

A Isabeau demandoys.

Si ce n'estoit ceste grande doulceur
Qui est en vous, auec bel entretien,

e vous diroys, vous n'estes plus ma seur,
Car vous auez changé vostre maintien,
Qui estoit beau, dire ne scay combien,
Car il partoit d'ung vouloir cordial
Qui me sembloit estre le plus loyal
Que peut auoir ou dame ou damoyselle,
Reprenez donc ce cueur franc & royal
Et vous verrez que i'ay vers vous bon zele.

A Marie blessé tante de ladicte Isabeau, femme de petite stature & grand scauoir.

En vous voyant, bien fort ie m'esmerueille
Qu'en petit corps de petite apparence
Loger se peut doctrine qui resueille
Les lourdz espritz, qui sont pleins d'ignorāce,
Mais qui dira, veu ceste corpulence,
Qu'en vng tel corps de femme si petite
Si grand esprit plein de scauoir habite,
Le rossignol petit oyseau subtil
De bien chanter plus grand que luy despite,
Sur tous espritz du vostre ainsi est il.

LES EPIGRAMMES
A monsieur maistre Charles Billon aduocat en la court de parlement.

S'il vous plaisoit faire le contenu
De mon esprit, que lon vous a porté
Ie me diroys à vous estre tenu,
Louant le bruyt de vostre charité,
Si vous supply qu'il me soit rapporté
Par ce porteur, si par vostre clemence,
Digne ie suis de viure en esperance,
En ce faisant vng grand bien m'aduiendra
Yssu de vous, & la munificence
Dont vserez, iamais ne s'estaindra.

A madame Gilberte guerin, dame de Villebouche en la Marche.

Si vostre grace en grand beaulté prisée,
Cogneue estoit par deca comme elle est
Par le pays d'Auuergne authorisée,

tout le mondɇ ellɇ auroit son arrest,
is il n'y a pour vous grand interest,
 peu à peu vostre grand renommée,
i sur son lieu vous faict estrɇ estimée
atera par l'vniuersel monde,
bruyt duquel vous estes tant clamée
qui en vous sur toute damɇ, abonde.

A vne dame qui ne prisoit que les hommes bien bra-
ues, & vestus.

Changez propos madame, ou aultrement
ubliray par tout vostrɇ imprudence,
angez ces dictz, changez ce iugement,
ttribuer à gens bruyt d'excellence
r leurs habitz de grand magnificence,
plus grand roy i'appellɇ en tesmoignage
i d'une robbɇ eut seulement l'vsage,
e voulez changer ce pensement
nner vous fault, sans plus grand aduantage
g amant laid soubz richɇ habillement.

LES EPIGRAMMES
De maistre Gonin enchanteur
subtil & renommé.

La mort aux grandz & petitz est nusible,
Quand le fort, comme le foible & tendre,
Maistre Gonin si souuent inuisible
Ne s'en est peu aulcunement deffendre,
Pour le deduyt des gobeletz apprendre,
Ne pour son art magicque, & cautelleuse
N'a sceu charmer tant la mort oultrageuse
Qu'il soit viuant, or puis que mort est il,
Prions à dieu qu'en ceste place heureuse
Soit si heureux, qu'il fut ca bas subtil.

Fin des epigrammes du
Banny de lyesse.

DV BANNI DE LIESSE

La suyte de la ieunesse du Banny de lyesse, en laquelle est precedent le liure des visiõs fantasticques, par imitation de Vergile au sixiesme des æneides.

Absentez vous de moy ioye & lyesse
Ie suis banny, mon cueur gist en tristesse.

Fy de soulas.

K

S'ensuyt le liure des visions fantasticques, tant par imitation du
sixiesme des Eneides de Vergile, que de l'inuention
de l'Autheur.

Errant vng iour par le beau val Idée,
Pour mes ennuytz, & de bien defrauldée
D'allegement pourueoir mon esperance,
La i'apperceuz mainte doulce plaisance,
Voyant le lieu de Venus non indigne,
Car en ce val delicieux & digne
Fontaine ya, dont le cours, pour certain,
Me sembloit faire vng murmure argentin,
Claire estoit l'eau de couleur argentine,
Sa tendre chair de blancheur cristalline
Venus y laue, or que Zephirus vente
Et Boreas en prison se tormente,
Et que passé auons le froid Automne
Ou glacé & neigé vng pauure amant estonne
Donc en ce val bel & delicieux
Quand ca & la ie promeine mes yeulx
Ou commencoit Aurora belle & claire
A se leuer, lors que fulgente esclaire

Auant Titan son amy doulx & tendre
Pour sa splendeur dessus la terre espandre,
Plus grand plaisir choisir ie ne pouoye,
Sinon celluy de m'estre mis en voye
Pour peruenir en ce beau val illustre,
Qui à Venus a donné si beau lustre,
Lors que Paris de sa beaulté espris
Dessus Iuno luy adiugea le pris,
Et sur Pallas de scauoir decorée
Si que Venus eut la pomme dorée.
　En mon esprit ie n'auoys d'aultre esgard
Que sur Venus espandre mon regard,
Et ie la voys courir soubz haultz cypres,
Ou Adonis elle suyuoit de pres,
Qui la fuyoit, comme est d'aulcun amant
Qui fuyt soubdain, soubdain est reclamant,
Ainsi faisoit Adonis que prochasse,
Venus adonc, mais il gaigne la chasse,
Car il entra au iardin verdelet
De son amye, ou ce temps nouuellet
Ioinctes estoient aux rosiers blanches roses,
La par Flora de mainte espine encloses,
Venus fuyant nudz piedz, & en chemise
Sur ces rosiers, de forte amour surprise
Vouloit gaigner Adonis à la course,

La fable des roses rouges.

K ii

Mais son desir n'eut pas son effect, pource
Que des rosiers mainte espine poignante
Sa blanche chair rendit sanguinolente,
Dont mainte rose en sa blancheur perfaicte
Prind de son sang la couleur vermeillette,
Et iusque icy tesmoignant sa douleur
La rose en tient sa vermeille couleur.
 De veoir ce lieu ne me pouois saouller,
Tant i'y cogneuz mon cueur se consoler,
Ce neantmoins, apres bien longue espace,
Aupres de l'eau l'esprit vng peu se lasse,
Dont estendu autour de la fontaine
Sommeil me prend, par la tant doulce alaine
De Zephirus, qui par doulx soufflement
Long temps me feit, la, gesir en torment.
 Venus adonc qui se veoit estre lasse
Ayant perdu de son amy la trasse,
Dedans ce val diuin s'est retirée
Par le trauail de la course, esplorée,
Elle me veoit ainsi que ie sommeille,
De moy s'approche auant que ie m'esueille,
Pensant, au vray, qu'Adonis desiré
Las de courir, la se feust retiré,
Ne plus ne moins qu'vng amoureux transsi
Ne scait qu'il veoit, ne ce qu'il touche aussi,

Ainsi estoit de Venus, qui me pense
Estre Adonis, & d'ung baiser commence
A me pourueoir, d'ung baiser ie dictz tel,
Que le plaisir me sembloit immortel,
Puis commenca me dire ce propos,
Sus Adonis trop long est ton repos,
Mon cueur, helas, qui tant pour toy souspire,
A sommeiller aulcunement n'aspire,
Estime tu ton repos necessaire
Quand ton amye ayme tout le contraire?
Ton cueur est il plein de legiereté
Et le mien est remply de fermeté?
Aymer veulx tu chose dont ie lamente
Pour contenir nostre amour differente?
Ce que ie veulx ne t'est il pas besoing
Vouloir aussi, & en prendre le soing?
Esueille toy, & ne reffuse point
Le fruict heureux qui mõ cueur brusle & poigt.
 Lors que Venus eut ces propos finis
Ie luy respondz, o deesse Adonis,
Ne suis ie pas ton Adonis à bien,
Plus de beaulté, & de grace & maintien,
Et d'ainsi veoir vaciller ton bon sens
Ie m'esbahys, & que bien tu ne sentz
En me voyant, qu'Adonis ie n'estoye,
k iii

Et vng baiser de toy ne meritoye,
Ce neantmoins le desir de te veoir,
M'a faict mon cueur d'esperance pourueoir,
Et en ce val plaisant & amoureux,
Esbatre vng peu mes ennuys langoureux,
En despitant fortune & sa rudesse
Qui m'a nommé le Banny de lyesse,
Telle est tousiours de mon nom la deuise,
Puis que lyesse est hors de mon cueur mise.
 Oyant ces motz Venus trouuoit estrange
Tant mon maintien, & puis de couleur chage,
Scachant, au vray, qu'Adonis n'estoye pas,
Disant ainsi, Qui a conduict tes pas,
En ce beau val ou tout plaisir abonde,
Qui est sacré à moy Venus la blonde,
Qui t'a induict prendre icy ton addresse
Pour t'esiouyr, o Banny de lyesse?
Est ce en espoir du lieu me dessaisir,
Ou ton plaisir de moy prendre & choisir?
Declaire moy ta ferme intention,
Et le vouloir remply d'affection,
En ce faisant auras pour t'appaiser,
Vng plus grand don de moy que le baiser
Ay, dis ie alors, o déesse Venus
Tout mon penser, tous mes faictz incogneus

Ne te feront, ains me fera plaifir,
De m'efcouter fi tu prens le loifir,
Or eft il vray (ia le t'ay dict comment)
Que nommé fuis Banny d'allegement,
Et que rigueur, pour monftrer fa prouefse,
Me tient captif foubz malheur plein d'ãgoifse,
Qui en mon cueur ne cefse iour ne nuictz,
Dont pour vng peu confoler mes ennuyz,
Et pour donner allegeance aux affaulx,
Du malheur grand qui faict fur moy fes faultz,
En ce beau val retiré ie me fuis,
Pour t'employer en ce que ie pourfuys,
C'eft des long temps que i'ay tant appetẽ
Poëtes veoir, qui ont tant merité,
Et par leurs dictz qui ont tant decoré
Ton hault renom, & ton bruict honnoré,
Entre lefquelz eft l'excellent Homere
Qui entre Grecz à louenge premiere,
Vergile auffi des latins le premier,
Et de bien dire Ouide couftumier,
Thibule, Horace, & Catule, & Properfe,
Qui en fcauoir ont eu gloire diuerfe,
Or de les veoir prefens, & à la face
Ne m'eft permift, f'il n'eft que tu me face
Veoir ces bas lieux ou peruint Aeneas

K iiii

LES VISIONS FATASTIQVES

Ton filz Troyen, que tant aymé tu as,
Qu'au desir grand qu'il auoit de son pere
Anchises veoir, tu voulus satisfaire,
Dont le chemin, constante & immobile,
En ta faueur luy monstra la Sibile,
Si te supply o déesse me mettre
En ceste voye, & ce bien me permettre,
Et par mes vers viuras incessamment
En loz & bruict, & sans contemnement
De ta personne, à plusieurs deprisée,
Qui dessus toy Pallas ont tant prisée,
De te louer sera ma plume encline,
Non en la mer sera mon origine,
Come on dict ceulx desquelz la voix s'allume
A te nommer aphros qui est escume,
Ains d'escripray que tu seras venue,
Diuinement de la celeste nue,
Donc o déesse, o cueur de grace viue,
Fais qu'en ces lieulx, par ton pouuoir i'arriue.
 Venus oyant ma ferme volunté,
De l'estomach ces propos a ietté:
Amy ie voys que tu te delibere
Droict aux palus prendre chemin prospere,
Ou tu ne puis, errant, estre asseuré,
Si le moyen par moy n'est referé,

fingitur ve-
us orta e-
uma ma-
is vnde a-
hros dici-
ur.

es lieux bas descendre il est facile,
 le retour fascheux & difficile,
our & nuict est la porte patente
gouffre noir, mais peine vehemente
n reuocquer ses pas, & retirer
 corps de la, pour au ciel aspirer,
en y a qui, par vertu haultaine,
t erigez au cœleste dommaine:
s si tu as la volunté contraincte
veoir deux foys l'infernal laberinte,
plus ne moins qu'Orpheus pour s'amye
idice, auec sa chalemye,
Aenas, & Hercules le fort
en ces lieux entra par son effort,
 diray, pour veoir ceste contree,
il t'est requis pour y faire l'entrée.
ne forest obscure & vmbrageuse
trouueras, & place tenebreuse,
n ce lieu obscur, & plein d'umbraige.
ge, & espais, en forme d'ung boucaige,
ras vng arbre espais, & florissant,
'iceluy procede, & est yssant
 rameau d'or, ou gist tant de vertu,
 quand il est cuilly & abbatu,
 aultre y croist, & iamais ne deffault

Verg.
Facilis de-
scensus auer
ni. &c.

Verg.
Sed reuoca-
re gradum,
superasque
euadere ad
anras, hoc
opus hic la-
bor est.

Verg.
Bis nigra vi
dere tartara

Verg.
Threcia fre
tus cythara
fidibusque
canoris.

Verg.
Sed non ante
datur tellu-
ris. &c.

Quo auulso
non deficit
alter.

LES VISIONS FANTASTIQVES

De cil qu'on prend supplier le deffault,
Ains vng pareil metal commencera
Auoir la branche, & soubdain florira,
La donc amy il fault que tu t'addresse,
Pour du rameau, ou gist tant de noblesse
Pres approcher, faisant de toutes pars,
Sur l'arbre obscur estre tes yeulx espars
Pour le trouuer, & apres la rencontre
En muniras ta main, & à l'encontre,
Empeschement ne te sera donné,
Si à cela tu es predestiné,
Car aultrement, voire si tu t'esforce,
Par fer l'abbatre, ou violente force,
Tout ce trauail est vain, & inutile,
Pour en cuillir ce rameau tant fertile,
Muny duquel ces lieulx que veoir tant ve
Seront ouuers, sans obstacle, à tes yeulx,
Rien ny nuyra le fier chien infernal,
Qui faict tonner ce logis cauernal,
Du bruict qui est yssant de ces troys testes,
Rendant vng cry qui excede tempestes
Par ce rameau sacré à Proserpine,
Nul n'y aura qui à toy ne s'encline:
Car c'est le don qu'elle, d'antiquité,
Institua pour luy estre porté,

Verg.
Ergo alteve
stigia ocu-
lis, & rite re
pertu, Car-
pe manum,
naque ipse
volens, faci
lisque se-
quetur, Si te
fata vocant,
aliter nec vi
ribus vllis,
Vincere nec
duro poteris
conuellere
ferro.

Idem.
Hoc sibi
pulchra suu
ferri Proser
pina munus
instituit.

DV BANNI DE LIESSE 78

donc,& prens de mes dictz souuenance,
es maulx finiz Venus en mesme instance,
table tée,& seulet ie demeure,
s son conseil faict en moy sa demeure,
ict en ce lieu par elle terminé
ne transporté,& quand i'ay ruminé
mon esprit,l'espaisse obscurité
l'arbre grand par Venus recité,
s en approché,& le rameau predict
voys & prendz sans trouuer contredict,
argé duquel au chemin ie me dresse
ecifié par Venus la deesse,
mon franc cueur qui d'ung espoir s'anime
faict saisir vng vouloir magnanime.
enu au lieu ou desir me transporte,
se ne fut,ains patente la porte
bas manoir,ou Cerberus ie veis
l que Venus m'en a faict le deuis:
r il estoit de troys testes pourueu,
g monstre plus horrible ie n'ay veu,
mbien que lors par souppes & bruuaige
ut estendu ronfloit en ce passaige,
issant lequel ma pensée ententiue
oit tousiours d'approcher de la riue,
est Charon le nautonnier rebelle

Idem.
Cerberus
hæc ingens
latratu re-
gna trifauci
personat.

LES VISIONS FANTASTIQVES

Qui en ce fleuue applicque sa naisselle,
Lors de me veoir il deuient curieux
Et en parler fier, aigre & furieux
Ainsi m'a dict, o personne insensée
Qui a induict ton humaine pensée
Venir es lieux d'obscurité profonde
Pour delaisser la lumiere du monde?
Qui t'a esmeu visiter ces lieux bas
Ou il n'ya que guerres, & debatz?
Ou nul ne vient, & ou nul n'est venu
Si n'est des dieux natifz, & prouenu?
Retire toy, prens ton adresse ailleurs
Ou trouueras moyens pour toy meilleurs.

 Las dis je adonc, o Charon amy, cesse
Ta grand fureur, il fault que tu cognoisse
Que ce lieu bas ou tristesse est durable
Est à mon nom propice & conuenable:
Car pour trouuer icy dueil & oppresse
Y est venu le Banny de lyesse,
Non toutesfois que Venus amyable
Ne m'ait esté en cecy secourable:
Car elle m'a quelque foys faict secours
En diuers lieux, mais en soulas bien cours,
Dont pour vng peu mieulx me recompenser
A faict mes pas en ces lieux aduancer,

Vir: dii geniti potuere.

…e veulx le croire, ou recognoistre,
…igne au mois ce rameau mescognoistre.
…ron voyant ce rameau precieux
…té changé en acueil gracieux,
…, dist il, tu puis asseuréement,
…us les lieux de ce bas monument,
…ue Venus vng si grand bien t'a faict
… pouruoir de ce don si parfaict,
…é par Iuno infernalle
… decorer sa maison cauernalle:
… ce don tu la feras contente,
…ui on vient en ceste basse sente,
…s donc amy, par ceste eau nauigable
…ult aller au lieu tant delectable
…on vouloir, sans varier, adhere.
…and i'euz ouy ceste voix debonnaire
…er Charon couerty en pitié
… rameau, causant son amytié,
…uue passé, & viens aux laberintes
…es bas lieux, ou i'entendz les complainctes
…eulx qui sont tormentez par iustice
…rand Mynos qui cognoist de leur vice
…nist ceulx dont la vie excessiue
…rins horreur de peine successiue,
…à tout mal encline s'est rendue

Idem.
At ramum
hûc, (aperit
ramum qui
veste late-
bat)
Agnoscas.

Timida ex
ira tum cor
da resident.

Virg.
Castigatque
auditque do
los, cogit-
que fateri.

LES VISIONS FANTASTIQVES

<small>Idem.
diſtrictíque
rotis.</small>
Dont en torment condigne eſt eſtendue,
L'ung à la roue eſtaché giſt pendu
Faiſant ſon cry par tout eſtre entendu,

<small>Idem
Saxũ ingés
voluũt alii.</small>
L'aultre de faix d'une pierre ſe charge
Groſſe & peſante, & point ne s'en deſcharge
Ains ſur vng mont hault erigé la porte,

<small>Hoc ex oui-
dio ſumptũ</small>
Et en labeur infiny l'en rapporte,
L'ung à le fruict & l'eau deuant ſa bouche,
Plus en eſt loing quãd plus pres en approch

<small>Ouid.
Séper eget
liquidis, ſé-
per abũdat
aquis.</small>
Il meurt de faim aupres du pommier tendre
Qui fuyt de luy quand il veult la main tend
En la fontaine il ſouffre vng grief martire,
Car en ſa ſoif l'eau de luy ſe retire.

<small>Virg.
Vẽdidit hic
auro patriã.</small>
La ſont punis en torment fort auſtere
Tyrans, & ceulx qui par grand vitupere,
Ont exercé en trop d'inuentions,
Leur malefice vſant d'extorſions,

<small>Idem.
Ingétes cã-
pi ſic illos
noĩe dicũt.</small>
Trahy leur terre, & d'ung cueur de Iaſon,
Ont traffiqué par dol & trahyſon.
Vng peu plus loing eſtoient les triſtes chã

<small>Idem.
His phẹdrã
procrimque
locis mœ-
ſtãqua Eri-
philem.</small>
Ainſi nommez, ou ſont eſpritz meſchans,
Qui ont eſté (chaſteté confondue)
Trop inſolens en l'amour deffendue
Phædra, Procris, Eriphile ie voys,
Qui ca & la font reſonner leur voix,

En gemissant, pour s'estre habãdonnées
Es amours qui sont desordonnées,
Aultres i'en voys(ou pour le mois leur vmbre)
Tant en ya que ie n'en scay le nombre:
Mais i'appercoyɇ, au meilleu de la presse,
Seurer Dido, & Helaine de Grece,
Dido se plainct d'Eneas: mais Helaine
Dict que Paris est cause de sa peine,
Cela i'entens par leur voix miserable,
Vng cueur de marbrɇ en seroit pitoyable,
Tous les tormens de ce lieu angoisseulx
Ne pourroyɇ au vray compter, ne ceulx
Qui sont errans en ceste basse plaine,
Qui est de dueil & de tristesse pleine:
Car si i'estoye de cent langues muny
Le tout par moy ne seroit difiny.

  Oultrepassant ce lieu tant lamentable
Ie prens le fil du sentier oblectable
Pour peruenir aux doulx champs elisez,
En mon vouloir tant choisis & prisez,
Ou peruenu la beaulté de ce lieu
M'a incité de graces rẽdrɇ à Dieu,
Fabricateur de ce dommainɇ exquis,
Que d'ũg vouloir si ardent i'auoye quis.
  Doncques ces chãps d'immortelle verdure,

Virg.
Nõ mihi si
linguɇ cẽtũ

Estoient circuitz d'une ronde closture
De marbre blanc, qu'on y veoit alentour,

Description des champs elisez.

Ou i'apperceuz d'yuoire mainte tour,
Dont ce lieu verd heureux & fortuné
Diuinement estoit enuironné,
La porte estoit d'ung triumphant paraige
De fin cristal qui esmeut mon couraige,
Et volunté d'entrer en ce lieu sacre,
Tans desiré:mais auant ie consacre
A Proserpine infernalle maistresse,
Le rameau d'or, digne de son haultesse,
Cest œuure la par moy tost accomply,
D'ung cueur loyal, de fermeté remply,
Ce lieu diuin & place verdoyante
Veoir ie poursuis, dont la porte excellente

Ferme foy portiere des champs elisez.

Songneusement ie veis estre gardée
Par ferme foy, quand ie l'ay regardée
En son habit de couleur liliale,
Ie dis alors: O déesse royale,
Plus que royale en habit lilial,
Ou est caché vng cueur ferme & royal,
Long temps ya que mon propoz est tel
De visiter ce beau lieu immortel,
En volunté des Poetes antiques
De veoir la face, en leur temps magnificques

Ce mien vouloir est cause principale,
Dont i'ay passé la riue fluuiale
De Phlegethõ, sans craindre aulcune chose
Qui en ce val stigial soit enclose,
A Proserpine apportant le rameau,
Qui est le don, pour elle, le plus beau,
Si te supply, o deesse, asseurant.
Celuy qui va ton pouoir requerant,
Me recepuoir en ce lieu plantureulx
Champs fortunez, ou sont espritz heureulx,
Scachãt pour vray qu'homme tu n'y recoys
Si ton seruant humble ne l'appercoys,
Et si de toy qui ferme foy as nom,
Dedens son cueur n'imprime le renom :
Mais ie te iure, aumoins de mon costé,
Qu'humble vers toy mon cueur est arresté.

 Ouys ces motz le lieu me fut declos
Par ferme foy qui garde ce beau clos,
Me saisissant par la main doulcement
Me dist amy, à mon contentement
As satisfaict: car ie cognoys ton cueur
Ferme constant, & de craincte vainqueur
Si te diray auant que de tenir
La voye heureuse, ou pretendz aduenir,
Que c'est du lieu, & que tout signifie,

La receptiõ du Bãny de lyesse aux champs elisez, par ferme foy. portiere dudict lieu,

L

Qui eſt dedens,& ce qu'il ſpecifie,
Viens dōc,amy,ſuiuōs pour veoir tout l'eſtre
Du lieu diuin iacoit qu'il eſt champeſtre,
Regardę vng peu ceſte place prochaine
Choſe la plus de ce parc ſouueraine,

Deſcriptiō du iardin eliſial.
C'eſt le iardin de ces champs verdeletz,
Qui eſt encloz de buyſſons nouueletz,
Dedens lequel tout plaiſir ſe recoit,
Lequel chaſcun en ſon eſprit concoit:
Mais ce n'eſt pas le lieu des Caſtalides,
Ne le iardin des belles Pierides,
Ou toute fleur a eſté tranſitoire,
Ce beau iardin a bruict plus peremptoire,
Ce qu'il contient,en perpetuité
Il gardę,& tient en ſa viuacité,
La doulcę odeur ambroyſiennę y croiſt,
Et ſans mourir touſiours y apparoiſt,
Tous fruictz auſſi,de pris ineſtimable,
Y ſont compris,qui ont gouſt ſauorable,
Toute liqueur en abondancę y vient,
Pour appaiſer toute ſoif qui y vient
Tous oyſeletz y ſont,dont la muſique
N'eſt point mondaine,ains haultę & deifique
  Eſcoutę vng peu ces petitz oyſelletz
Melodieux,ce ſont roſſignolletz
Qui font accord(il fault que ie le die)

Oultrepassant terrestre melodie,
Oy ces Tarins, Serins, & Chardonnetz,
La voix desquelz soubz ces vers buyssonnetz,
Faict raisonner ceste diuine place,
Tant chascun d'eulx de bien chanter a grace,
Brief tous yseaulx qui sont es lieux mortelz,
Sont en ce lieu, mais ilz sont immortelz:
Car en ces champs iamais la mort ne loge,
Commę elle faict en la mortelle loge,
Iamais tristesse en ce lieu n'a le cours,
Commę ellę a bien en voz mondaines cours,
Ains sans cesser ioyę & beatitude,
Font auec nous demeurę & habitude,
En ce iardin arbre de toutę espece
Croist, & iamais sa verdeurę ne delaisse,
Il y a donc en ce clos souuerin,
Laurier, Lierrę & le verd Romarin,
Et Rosiers blancz, & aussi purpurez,
Blancz Aubepins, & aussi azurez,
Passeueloux, Lauande purę & franche,
Maint arbrę aussi de bellę Oliue blanche,
Brief arbrisseaulx y a de toute sorte:
Mais chascū d'eulx biē plus grād vertu porte,
Que ne font ceulx qui au monde florissent,
Lesquelz soubdain meurent, & deperissent,

L ii

LES VISIONS FANTASTIQVES

Sacches pourtant qu'a moy la blanche oliue
Est consacrée en foy de paix nayue,
Car en ces lieux sans paix, & sans concorde,
Y recepuoir personne ie n'accorde.
 Tous ces propoz par ferme foy produictz
Nous visitons des iardins les conduictz,
Et la n'y eut fruict, fleur, arbre, ne plante,
Dont la beaulté mon esprit ne contente,
Onc ne m'aduint plus grand tranquillité
Qu'estre par moy ce beau lieu visité,
Quand ce iardin contempler ie fuz las
Mon entreprise au cueur me vient, helas:
O ferme foy, dis ie lors, te souuienne
Du don promis, par lequel ie peruienne
Ou les espritz heureux & fortunez,
Viuent en paix, à tel bien destinez.
 Amy, respond ferme foy, ie te iure
Que bien, pour toy d'aultre ie ne procure,
Mais il estoit bien requis, ce me semble,
Veoir ce iardin auquel nul ne ressemble,
Qui soit produict des humains artifices,
Qui rien ne sont fors mortelles delices:
Car ce iardin diuin & eternel,
Argumentũ Est composé par l'ouurier supernel,
à simili Et tout ainsi que l'essence eternelle

DV BANNI DE LIESSE.

N'a point de fin, ains est perpetuelle,
Ainsi ce lieu construict diuinement
Prendre ne puist aulcun definement.
 Poursuiuons donc, voys tu ces lieux petis
En ce champ la de verdure bastis,
Ces cabinetz, ces petites logetes,
De buyssonnetz construictes maisonnetes
Vng nombre grand des fortunez espris
A ce beau lieu pour sa demeure pris:
Mais toutesfoys ilz n'ont place certaine,   Virg.
Ains à chascun sa demeure incertaine,   Nulli certa
Puis ca, puis la, en franche liberté   domus.
Ce lieu pour eulx est pris, & habité,
Et quand leur plaist de ces petis parcs sortent,
Et au iardin verdoyant se transportent
Cueillant le fruict diuin & sauoureux,
Qui faict leur sens dehait, & vigoreux,
Plus ne t'en dis: car tu verras le reste
Bien amplement, sans que rien il en reste.
 Quand ferme foy eut acheué ses dictz,
Ie me transporte aux cabinetz predictz,
Ou l'apperçoy vne grand quantité
D'espritz heureulx, qui en diuersité
Prenoient esbas guays & solacieulx,
L'aultre chantoit vng hymne des neuf cieulx,

L iij

LES VISIONS FANTASTIQVES

L'aultre disoit vng carme des neuf muses,
Les vngz prenoient leurs doulces cornemuses,
L'ung préd la fleuste, & l'aultre vng doulx luc
   happe,
L'aultre la violle, & l'aultre prend la harpe,
Dont procedoient (si bien i'en suis recordz)
Melodieulx, & immortelz accordz,

Idem.
Pars pedi- L'aultre des piedz faict exultation,
bus plau- L'aultre à danser prend consolation,
dunt cho- Le clair Phœbus en ce lieu tousiours luict,
reas. Iamais n'y regne obscurité ne nuict,

Le froid Automne en ces lieux point n'y est,
Ains vng printemps qui la faict son arrest,
Pluye, neige, gresle, en ceste heureuse terre
Ne chet iamais ne fouldre ne tonnerre,
Et ces espritz fortunez qui sont la
Peuent assez tesmoigner de cela.

  Voyant ce lieu ou ces espritz estoient
Qui en diuers esbatz y frequentoient,
Ainsi leurs dictz : O ames bien heureuses,
Ie vous supply ne soyez rigoureuses
A m'enseigner les poëtes anciens
Qui sont venus aux champs Elisiens,
Dont i'ay passé le fleuue Acherontique
Et les conduictz de l'vmbre Tartarique,
Venus ce bien premiere m'a promis,

Et ferme foy seconde la permis,
Si vous supply, que dict par vous me soit
Le lieu certain ou lon les appercoit.
　A ces propos on ne meist point d'obstacle,
Car l'ung d'iceulx me meine au tabernacle,
Auquel estoit la turbe poêticque
Soubz l'herbe verde, ou chascũ d'eulx s'appli-
A resonner copieuse lecon　　　　　　(que
De vers exquis de diuerse facon,
Vergile traicte vng œuure buquolique,
Et puis soubdain chante vng œuure heroique,
Mais ce n'est pas son œuure au monde leu,　　Sens moral.
Celluy qui faict est bien plus resolu,
Car son eglogue il adapte au berger
Omnipotent, qui garde de danger
Troppeaulx errans, qui sont en noz bas estres,
Les preseruans de ces grandz loupz terrestres,
L'œuure heroique il adapte au grand prince
Qui tient soubz luy haulte & basse prouince.
　Ouide apres faict elegies belles
Pleines d'amours, mais nõ pas d'amours telles
Qu'il feist iadis, pleines d'ardeur lubrique,
L'œuure qu'il faict est plein d'amour pudique,
Car il escript comment aymer conuient
Par ferme foy, par qui la on peruient,
　　　　　　　　　　　L iiii

LES VISIONS FANTASTIQVES

D'aultre cofté Thibulle, Perſe, Horace,
Catulle auſſi, par aſſez longue eſpace
Carmes chantoient de bonne fantaſie,
Mais il n'ya vice en leur poëſie.
Vng peu plus loing, de la, i'ouys le ſon
D'Homere grec, qui en doulce chanſon
Vers reſonnoit, grandz & ſuperlatifz,
Dont il rendoit tous aultres ententifz,
Onc plus grand heur aduenu ne m'eſtoit
Que de les veoir qui fort me contentoit.

Vergile adonc qui de ſa grand doctrine
Emportoit loz de la muſe latine
S'eſbahyſſoit la bas à quelle fin
I'eſtoys venu, dont promptement, affin
De luy compter ce que mon cueur pourſuyt,
Ie prononcay harengue qui s'enſuyt.

Harengue du Bâny de lyeſſe à Vergile le plus grand des poëtes latins.

O le plus grand poëte qui fut onc
Entre latins, ie te veulx dire adonc
Que le ſcauoir au monde renommé
De tes eſcriptz, i'ay touſiours eſtimé,
Depuis le temps que mon eſprit s'amuſe
A mettre en train ſa puerile muſe,
Et cognoiſſant vray le renom, qui t'a
Rendu heureux, qui ton bruyt exalta
Entre latins, i'ay requis nuict & iour

Vous visiter en ce diuin seiour,
Pour contempler d'icelluy le visage
Qui eut sur tous vng si bel auantage,
Et ce desir (Venus ce bien me faict)
Est peruenu à son entier effect,
Si Apelles, lors que Venus il forme,   *Argumen-*
Est amoureux de la depaincte forme,   *tum, à mi-*
Combien au pris de celle qui forma   *nore ad ma-*
Celle aymeroit qui la viue forme a: *ius.*
Ainsi à moy plus grand plaisir se liure
De veoir l'ouurier escripuant, que son liure,
Me reputant l'humble serf de fortune,
Quand de te veoir i'ay l'espace opportune,
Ce qui pourra alleger la detresse
De moy qui suis le Banny de lyesse.
 Cessay mes dictz, qu'ainsi ie prononcoys,
De bien venu estre ie m'appercoys,   *Le recueil*
Car vng chascun de son cabinet verd   *faict au Bā-*
Me faict present pour y estre à couuert,   *ny de lyesse*
Chascun me rit, chascun me faict accueil,   *par les poê-*
Chascun m'embrasse en amoureux recueil,   *tes aux*
Et d'vng accord, pour la mienne venue   *champs E-*
Ont decouppé la musicque menue   *lisez.*
En vers latins, & Orpheus manye
La harpe doulce, en si grand armonye

Qu'en les oyant il me sembloit aduis
Que mes espritz feussent du tout rauis,
Aduis m'estoit que ia l'esprit laissoit
Le corps en terre, & au ciel s'aduancoit.
  Ces doulx accordz ne sont point intermis
Iusques ad ce qu'a l'ung d'eulx fut commis,
Soubz ces petitz cabinetz tant notables
Pour le repas mettre & asseoir les tables,
Catulle adonc à ce commandement
Les verdz tappis dressa si proprement

Le conuy faict au Bã ny de lyesse auxchãps Elisez.

Qu'on l'eust iugé assez bien s'acquiter
Pour festoyer le grand dieu Iuppiter
En premier lieu, quand Orpheus l'aubade
Eut mise à fin, nous eusmes la sallade
D'vng pipou franc, d'vng amoureux cresson
Prins & cueilly soubz vng diuin buysson,
De maint sybot, & de maint oignounet
Recentement nez en ce matinet,
Vng ius d'oliue on auoit preparé
En la sallade, en goust tant sauoré
Qu'il me sembloit que toute ma langueur
Deust à iamais se changer en vigueur,
Apres ces metz, on produict les serises,
Amandes, noix, poires, pommes exquises
D'vng goust diuin, puis la liqueur on met

DV BANNI DE LIESSE. 86

Ambrosienne, a donc on me permet
De boire à tous, dans vne tasse faicte
De verd laurier, de diamans couuerte,
Ce que ie fais, & pour plus leur complaire,
Ie prens plaisir de ceste liqueur boire,
Passant les vins de Beaulne, Aniou, de Ris,
De Languedoc, n'en soyez ia marris,
Museaulx fryans qui ces vins estimez,
Ceste liqueur les a desestimez.
  Prins ce repas, la musique commence,
Puis Orpheus leur faict suyure la dance,
Et longue espace en ce deduict plaisant,
Mon dueil caché s'en alloit appaisant,
Cesse l'accord si de couppe menu,
Vergile adonc long propos m'a tenu
En stile graue, & en vers mesurez,
Et de latin langaige bien dorez,
Ainsi par moy redigez & traduictz.
  Puis que tu as vers nous tes pas conduictz, *La harégue*
Petit poëte en francoyse escripture, *de Vergile*
A qui est faicte en ces lieux ouuerture, *au Bány de*
Par ferme foy, qui nul ny veult admettre, *lyesse.*
Sans fermeté, ains du tout l'en demettre,
Heureux es tu, plein de fœlicité
Entrant au lieu qui sent diuinité,

LES VISIONS FANTASTIQVES

Le bien venu tu soys en ce bas estre,
Ou si long temps tu as desiré d'estre,
Ie croy qu'assez tes yeulx sont informez
De ces beaulx champs diuinement formez,
Et que par tout ce parc chose n'est veue,
Ou amplement ne soit mise ta veue,
Ce neantmoins peu de gens icy viennent,

Comment on peruient aux champs elisez.

A peu de gés ces beaulx champs appartienn
Querir les fault à la poincte d'espée,
Si que du cueur soit maculé extirpée,
Et que les cueurs humains desassemblez,
Soient reuniz, & d'amour assemblez,
En ferme foy, qui garde cest empire:
Car si le cueur par cruaulté empire,
Si loing du cueur s'en va fidelité,
Si frauldé & dol sont au lieu d'æquité,
De ces deux champs la terre fortunée,
A nul ne puist estre predestinée,
Semblablement si n'est par peine forte
Que fruict aulcun de noz bons œuures sor
Pour enseigner vng lourd esprit rural,
Qui est quasi approchant du brutal,
Impossibble est en ce beau consistoire,
Mettre l'esprit loing d'œuure meritoire,
Doncques amy d'ung bon vouloir te part

colloquer ton sens en ceste part,   Relinquē-
il conuient, pour certain tesmoignaige,   dum est ali-
auoir vaincu, delaisser quelque ouuraige,   quid quo
ui seruira d'ung euident exemple   nos vixisse
x successeurs, & d'ung bruict iuste, & ample   testemur.
ce faisant de l'ouurier qui trespasse
loz & bruict par son trespas ne passe,
ns en ces lieux de l'œuure qu'il fera,
tierement recompensé sera.
Vergile ayant sur son chef la coronne
e franc laurier, ainsi ses vers resonne,
es subsequens dedans leur verte tente,
l'escouter mettoient tous leur entente,
t chascun d'eulx, quand finy eut Vergile,
aisoit chansons de sa muse docile:
uis commencoient à chanter de mesure
'œuure produict & né de leur fœture,
pres l'esbat vers moy s'en vient Ouide,
Qui de ma rime ouyr estoit auide:
Mais ie luy dis o Poête gentil,
Mon stile n'est assez pour toy subtil:
Car des Francoys qu'on veoit poëtiquer,
Ie suis le moindre, à bien le praticquer,   Leslouëges
Mais si tu veulx veoir l'œuure fantastique,   de Clemēt
Et les beaulx vers de stile marotique,   Marot.

Ie t'en feray vne leçon entiere,
Ou trouueras elegante matiere:
Car ce Marot que tu me verras lire,
Plus doulx est il que d'Orpheus la lire,
Car si Vergile est Poête plus graue,
Entre Latins, ainsi est le plus braue,
Entre Francoys, ce Marot que ie dis,
Chascun le puist cognoistre par ses dictz,
Et ne croy point que, par suauité,
Il n'ayt de nom iuste confinité
Au grand Maro, & qu'il ne soit propice
De militer, & viure soubz la lice
De voz espris, donc apres la lecture
De motz dorez d'elegante facture
Prins & choisis au liure Marotiq,
Tenant de l'art, & engin poêtiq,
N'y a celuy d'entreulx qui ne s'hardie
D'aymer Marot, & en ce n'estudie,
Car d'une voix qui n'est point discordante
Vng chascun d'eulx de luy vng hymne chanté
Puis par arrest, que par escript ilz mettent,
Vng cabinet expres pour luy commettent:
Lors que part mort, qui est à tous commune,
Marot yra par ceste sente brune,
Et qui plus est pour mieulx luy faire feste,

DV BANNI DE LIESSE

[V]ng chappellet de fleurs on luy appreste,
[De] fleurs ie dis que temps ne puist myner,
[Do]nt il verra sa teste coronner:
[De] fleurs ie dis qui par froid, ou ardeur,
[N']ont le pouuoir de perdre leur odeur,
[Ne] plus ne moins qu'odeur nectarienne,
[De] la liqueur des dieux ambrosienne.
Voila comment de sçauoir ennobly
[M]arot n'est point, la bas, mys en oubly,
[Ca]r la doulceur de ses vers tant polys,
[M]erite bien vng beau florissant lys,
[Pr]ins & cueilly en vng verd cabinet,
[Pa]r ferme foy, dedans son iardinet,
[Du]quel contrainct de faire departie,
[M]a ioye en dueil i'ay soubdain conuertie,
[Do]nt à bon droict ie veulx qu'il apparoisse,
[Qu]'ores ie suis le Banny de lyesse.
Repeuz mes yeulx de ceste vision
[E]n ces doulx champs, pour ma conclusion
[D]ire ie veulx, que par noz voluptez,
[D]es champs heureux nous sommes deboutez,
[E]t que chascun nuysible est à luy mesme,
[S'e]n ces champs ne cherche diadesme,
[M]entens au ciel ou les espris bien nez
[S]ont de repos æternel coronnez,

Conclusion des visions fantastiques au sens moral.

LES VISIONS FANTASTIQVES

La doncques fault son espoir appliquer,
Son cueur, sa ioye, & plaisir colloquer
Per ferme foy, qui est la conductrice,
Et de l'amour de Dieu conseruatrice,
Ce Dieu i'entens Iesuchrist filz vnique
De Dieu le pere, a dommaine coelique,
La sont les champs ou i'ay moralisé,
Priant à Dieu d'y estre auctorisé.

Fin du liure des Visions Fantastiques du Banny de lyesse.

Fy de soulas,
Viue tristesse,
Car ie suis las
D'auoir lyesse.

La traduction

des deux Fables d'Ouide en sa
Metamorphose: la premiere de
Piramus & Thisbe: la seconde
du beau Narcissus, par le Banny
de lyesse, natif D'yssouldun en
Berry, escollier estudiant à Tho-
... lesdictes Fables amplifiées
de son invention en rime Fran-
çoyse.

Dueil viens à moy,
Soulas fuy loing,
D'auoir esmoy
Ie prens le soing.

M

EPISTRE LIMINAIRE

Epistre liminaire, par laquelle le Bāny de lyes
dedie son liure à Monseigneur maistre Tous
sainctz de Mallessec, protenotaire du sainct sie
ge apostolicq, Abbé de la Roche, nepueu de
feu messire Marc Legroin, en son viuant che
ualier, seigneur de la Mothe Augroin, & pre
uost de l'hostel du Roy nostre sire.

Considerant iour en iour les biensfaictz
Qui sans cesser de par vous me sont faictz
Ie trouue alors vng merueilleux affaire,
En cest endroict de pouuoir satisfaire:
Car des biensfaictz la grande multitude
M'estonne fort, si que tout mon estude
Ne gist en rien, fors que de ruminer,
Qu'il me conuient sur ce determiner,
Honte & espoir me liurent la bataille,
Honte me dict, tu n'as moyen qui vaille
Pour satisfaire à la moindre partie,
De la faueur, en biensfaictz departie,
Ha, dict l'espoir, honte que veulx tu faire,
Me cuydes tu d'ung cueur loyal distraire?
De mon propos ne me puis diuertir,
Ne mon ardeur en crainte conuertir,
Ce different combat d'espoir, & honte,

Me tient captif, mais espoir qui surmonte
Me donne cueur, & honte detestable,
Il chasse loing de vostre redebuable,
Donc s'il ne m'est permis entierement,
De satisfaire à ce bon traictement,
Si par l'effect mon debte ne s'esface,
L'effect resigne au bon vouloir sa place,
Et ce vouloir vous seruira d'effect,
Qui est entier, pur, loyal, & perfaict,
Perfaict le dis, & tel le puis bien dire,
Vous le pouez cognoistre sans mon dire,
Ie croy que bien de ceste loyaulté
Il vous appert sans qu'il soit recité.
  Or monseigneur, pour ce vouloir accroistre,
Pour ce cueur prōpt, plus prōpt faire apparoistre
I'ay bien voulu ceste mienne foeture
D'ung petit œuure, en petite structure
Vous dedier, preuoyant que les muses
Sont, des long temps, en vostre esprit infuses,
Non seulement du florissant vsaige
De vers Latins, mais de Francoys langaige,
Ce que souuent par moy consideré,
Ces iours icy ie n'ay point differé,
Vous enuoyer d'ung cueur prompt & auide,
C'est œuure mien traduction d'Ouide,
                              M ii

EPISTRE LIMINAIRE

Poëte grand en sa Metamorphose,
Ou il y a tant de doctrine enclose,
Et en lisant ce beau Poëte illustre
Deux fables lors ay veu de tresgrand lustre,
Dont i'ay pensay que la translation
(Amplifiant assez l'inuention)
Vtile assez estoit, & suffisante,
Pour maintenir l'opinion contente
Des bons espris, qui ont honneur condigne
De langue grecque, & de langue latine,
De ceulx aussi qui, de Francoyse rime,
Sont decorez en bruict remply d'estime.
   Ces fables donc, ou de grace y a tant,
Ont mon esprit faict & rendu content,
Si que ma plume à son vol estendu,
Pour peruenir à l'œuure pretendu,
Du nombre grand de ces fables dorées,
I'en ay extraict deux qui sont decorées
De grace viue, & par traduction
L'une de l'aultre, ha separation,
De Piramus & Thisbe la premiere,
De Narcissus traduicte est la derniere.
L'œuure accomply i'ay voulu m'hardier,
De le produire, & le vous dedier,
Scachant au vray que soubz vostre noblesse,

Pourra florir le Banny de lyesse,
Et ou son œuure ignare apparoistra,
D'ung tel tuteur heureux se cognoistra,
Et trouuera son liure assez renom,
Quand on verra preceder vostre nom,
Et maint lecteur vous y voyant compris,
De bien rimer luy donnera le pris.
 C'est honneur donc (si honneur m'en aduiēt)
Vostre plus tost, que mien, dire il conuient,
Or recepuez, d'ung couraige tranquille,
De vostre serf vng œuure iuuenile,
Ou quelque foys voz yeulx seront transmis,
Plus grand labeur par iceulx intermis,
Et ce pendant croyez que vostre absence,
Ne me fera vous mettre en oubliance.

Cy finist l'epistre liminaire du
Banny de lyesse.

La fable de Piramus & Thisbe
& de leurs amours infortu-
nées, traduicte en ryme Francoyse, de la metamorphose
d'Ouide, par le Bány de lyesse, natif d'yssouldun en Berry,
amplifiée de son inuention.

IAdis aduint qu'en deux corps pleins d'en-
 fance,
S'entretenoit mutuelle accointance,
Car de cest aage, ignare, & inexperte,

Dedens leurs cueurs estoit flamme couuerte,
L'ung Piramus s'appelloit par son nom,
L'aultre Thisbe pucelle de renom
Tant de beaulté, que d'une grace viue,
Qui de tous cueurs estoit penetratiue,
Or ceste grace en grand beaulté croissoit,
Et en maintz lieux fulgente apparoissoit,
Si que rauys estoient de ses beaulx yeulx,
Non seulement les hommes: mais les dieux,
Car Cupido cest enfant plein d'oultraige,
Et Mars aussi de quereleux couraige,
Furent espris, par amour immortelle,
De ceste belle & nayue pucelle.

 Mars le premier, pour auoir iouyssance,
Vint veoir Thisbe en grand magnificence,
Accompaigné d'ung belliqueux arroy
Bien equippé, remply d'ung cueur de roy,
Sus vng coursier de bardes exorné,
Qui au pays de Turquie estoit né,
Sa targe au col, ses armes bien dorées
Par vng costé, & de l'aultre azurées,
Ou l'on pouoit lire ceste escripture,
Thisbe a mys mon cueur à l'aduenture.

 Ainsi estoit le dieu Mars preparé,
Qu'il fæit beau veoir tant estoit decoré,

En ce pourpris, au lieu s'est transporté,
Ou à Thisbé ainsi s'est presenté,
En luy disant, o pucelle en qui gist
Grace & beaulté, qui tant de cueurs regist,
Non seulement de ceulx qui sont mortelz,
Mais de tous ceulx que l'on veoit immortelz,
Ton hault renom de beaulté corporelle,
A mon las cueur a ioinct flamme nouuelle,
Et ie qui puis aux armes resister
Contre tout homme, & vaincu l'arrester
Soubz la fureur d'amours suis arresté,
Sans que par moy il y soit resisté,
De tes beaulx yeulx la viue protraicture,
Captiue tient toute mon armature,
Mars suis nommé, à bon droict on s'applique
A m'appeller le Dieu de l'art bellique,
Mais ceste grace a vaincu le vainqueur,
Dont suis côtrainct de t'offrir corps & cueur,
Or recoys donc, o nymphe entiere, & belle,
Le cueur d'ung dieu qui te sera fidelle.

Thisbé oyant l'harengue du Dieu Mars,
Le despita, luy & ses braquemars,
Et sans muer son couraige gentil,
Desprisa Mars,& son propoz subtil,
Dont en espoir de vengeance certaine,
Mua l'espoir de sa ioyé incertaine,
Si iura lors,tout honteux & confus
Qu'en brief aura vengeance du refus.

LA FABLE DE PIRAMVS ET TISBE

Or maintenant ma pleume defcripra,
De Cupido, qui au lieu fe tira,
Auquel Thisbé auoit Mars efconduict,
Dont quand ce Dieu cautelleux fut conduict,
Au lieu requis, ou faifoit fa demeure
Celle par qui fon pauure cueur labeure,
Incontinent fes deux yeulx il defbande,
Pour contempler la face qu'il demande,
O (dift adonc ceft enfant Cupido)
Metz Aeneas, metz en oubly Dido,
Et toy Paris ton Helene de Grece,
Ofte tes yeulx, o Tarquin de Lucrece,
Car cefte cy de bien meilleure grace,

La grand beaulté de voz dames efface.
En ces propos cest enfant gracieux
De son regard s'est faict pernicieux,
Puis à Tisbe, vsant de voix submise
A dict ces motz suyuant son entreprise:
S'il est ainsi que toute creature
Faict mention & bruyt de ta figure
Tant elegante, & de beaulté si haulte
Qu'en tout le corps nature n'a faict faulte,
Esmerueiller ne me doibz grandement
Si ta splendeur me suscite torment
Et me contrainct mon arc habandonner,
Mes trectz aussi, pour à toy me donner,
Las, ie qui tiēs tous cueurs soubz ma puissance
Pour les ferir, quand me plaist, à oultrance,
Ie qui les cueurs des hommes brusle & ars,
Saulver le mien ie ne puis par mes artz,
Ie qui suis dieu, d'vne pucelle tendre
Ne puis mon cueur garentir & deffendre,
Et qui plus est, n'ya dieu ne deesse
A qui doubter ne face ma proesse,
Voire à Venus, combien qu'elle est ma mere,
I'ay faict sentir ma force bien amere
Quand Vulcanus surprint les amans nudz,
C'est à scauoir, le dieu Mars & Venus,

Et Iuppiter le plus grand dieu qui tonne
De mon pouoir aulcunesfoys s'estonne,
Quand ie le faictz de Iuno abstenir
Pour à l'amour des nymphes aduenir,
Phœbus aussi redoubte mon pouoir,
Quand pour Daphne ie le faictz esmouuoir,
Brief tous les cueurs, diuins soient, ou humains
Craignent la force & vigueur de mes mains,
Mais ie qui puis les aultres surmonter,
En te voyant ie ne me puis dompter,
Donc ie te prie, o pucelle diuine
Aymer vng dieu qui humblement s'encline,
Ieune ie suis, & doulx en eloquence,
I'ay le regard plein de beneuolence,
Mon arc doré, propice à ton maintien
Pour le regir & gouuerner est tien,
Et mon pouoir qui est tant redoubté
Est tien aussi, & ma diuinité
Pour en vser il te sera transmis,
Et i'en seray, pour toy, du tout demis.

Thisbe la belle oyant le dieu d'aymer
Parler ainsi, d'vng propos bien amer
Luy respondit, fuys enfant furieux,
Trop as esté de m'aymer curieux,
Ne toy ne Mars n'auez pouoir si fort
Que ie me rende à l'amoureux effort,
Allez ailleurs, car ma beaulté bien née
A vous aymer n'est pas predestinée.
 Quand Cupido ceste voix entendit
Fiere & cruelle, à Mars droict se rendit,
Auquel du tout son exploict racompta,
Et Mars aussi son reffus luy compta,
Oyant lequel, lors Cupido s'aduance
D'ainsi parler, o Mars si la vengeance
N'est par nous deux en brief temps prochassée,
Nostre puissance en sera rabaissée,

Si te diray ce que i'ay peu songer
Pour amplement du refus nous venger,
Vng ieune enfant que Piramus on nomme,
Plein de beaulté, que par tout on renomme
A des long temps faict conuersation
Auec Tisbe par frequentation,
Desia Tisbe à vng commencement
De retenir l'amoureux pensement
Vers Piramus, & Piramus commence
Desia sentir ma force & violence,
Desia pretend Piramus de se ioindre
Auec Tisbe, qui n'a volunté moindre,
Il me conuient mon arc bender & tendre
Et ma visée au cueur droictement prendre
Des deux amans, & tant les assembler
Que le pouoir de les desassembler
Osté leur soit, & à mon arc tendu
De resister il leur soit deffendu,
Et toy soubdain, de plus grand mal autheur
Par Vulcanus ce bon fabricateur
Feras forger vng glaiue reluysant
Qui à leur mort sera iuste & duysant,
Forgé ce glaiue yras le presenter
A Piramus pour bien le contenter,
Ioyeulx sera de l'offre par toy faict,

DV BANNI DE LIESSE

Ne preuoyant qu'il en fera deffaict
Auec Tifbe, qui eft la deftinée
De l'vng & l'aultre, & mort determinée,
Car quand mon arc pour venger mon iniure
Sentir d'amours leur fera la bleffure,
Ie fcay, voyant des planetes le cours
Que mort fera leurs foulas eftre cours,
Ainfi ferons vengez entierement
De ce reffus plein de contemnement.

Ces motz finis, par amour recordez
Tous deux fe font à ces fins accordez,
Mars d'vng cofté pria tant Vulcanus
Qu'il impetra par fes propos menus
Vng glaiue yffu de forge Vulcanique
Et fans tarder droict au chemin s'applique

Ou detrouuer Piramus il desire,
Trouué lequel, ainsi commence à dire:
Long temps y a ieune enfant debonnaire
Que i'ay vouloir à tes graces complaire,
Voulant t'offrir en singularité
Vng don lequel tu as bien merité,
C'est ce cousteau que Vulcanus forgea
Entre forgeurs qui plus belle forge a
Comme celluy qui aux dieux faict seruice
Qui n'ont choisi forgeron plus propice,
Et Vulcanus, sur ce oyant ma priere
A le forger a mis art singuliere,
Or recoips donc de Mars icy present,
Et prendz en gré cest illustre present.
  De ce present & glaiue infortuné
Fut Piramus à lyesse addonné,
Et mercyant le dieu Mars, il pensa
Que d'vng tel don bien le recompensa:
Ha Piramus que n'as tu mieulx pensé,
Que tu estois bien mal recompensé,
Certes besoing te seroit de penser
Que Mars n'a soing de te recompenser,
Ains en sa voix qui doulce est plus que miel,
Venin y gist plus dangereux que fiel,
Fuys ce cousteau Piramus amy cher

Predestiné pour occire ta chair,
Ha Piramus par ce glaiue doré
Ton corps sera de l'esprit separé,
Et celle aussi qui pour toy souffre tant
Plus en fera, ou pour le moins autant.
   D'aultre costé amour memoratif
De son reffus, prompt & vindicatif
Choisist le lieu ou Piramus estoit
Auec Thisbe, laquelle il frequentoit
De iour en iour, de sa grace surpris,
Non pas ainsi qu'amoureulx sont espris,
Car il n'auoit encor experience
De Cupido ne de folle plaisance,
Semblablement Tisbe ieune & tendrette
N'auoit senty ne l'arc ne la sagette
De cest enfant, qui a les yeulx bendez,
Qui lors pourtant les auoit desbendez,
Ce neantmoins, sans noises & debatz,
Ces deux amans prenoient plusieurs esbatz.
   Quand Cupido qui les apprehenda
Les veit ensemble, adonc son arc benda,
Prend sa sagette, & la place aduisée
Ou il tiroit, prind si droict sa visée
Que de ce coup deux cueurs il penetra
Et la sagette au cueur des deux entra

N

Si que nauré Piramus se cognoist,
Tisbe aussi mesme playe recognoist,
Et Cupido l'origine & la source
De leur blessure a prins legiere course
Voyant, au vray, sa puissance estre telle
Qu'a deux amans playe auoit faict mortelle,
Dont sans tarder, cest enfant deceptif
Vient droict à Mars, & le rend ententif
De son exploict, disant que par rigueur
A faict cognoistre à Tisbe sa vigueur,
Qui par reffus rude & loing de pitié
A contemné leur diuine amytié.

Les deux amans la poincture cogneue
De Cupido, par auant incongneue
Ont commencé de diuerse pensée

Croiſtre l'amour, par vng dieu commencée,
Deux cueurs en vng on veoit ſe retirer,
Rire, plorer, chanter & ſouſpirer:
Si Piramus pour Tiſbé a ſoucy
Tiſbe n'en a pour luy pas moins auſſi,
Ce que l'vng veult on voit l'aultre vouloir,
Vng meſme accord, & vng meſme vouloir
Giſt en deux cueurs, & les deux ſont en vng,
Ce que l'vng a, eſt à l'aultre commun,
Brief, iour en iour de bien pres ilz ſe ſuyuent
Et leurs amours pres d'en iouyr pourſuyuent,
Mais le malheur leur ſecret ne cela,
Ains aux parens ſoubdain le reuela
Qui font des corps la ſeparation,
Non de l'eſprit, ne de l'affection,
Le peré adonc le ſien chaſcun enferme,
Mais neantmoins demeure l'amour ferme.

 Quand les amans ſe veirent peruenus
A rigueur tellé, & eſtre detenus,
Tiſbe adonc, qui fut ingenieuſe
Sentant l'effort de la playé oultrageuſe,
Faict vng pertuys au mur tendré & fragile:
Quand Piramus veoit la choſe ſubtile
Et qu'au pertuys la ceincturé eſt pendente
De ſon amyé, il meſt lors ſon entente

En bon espoir d'auoir souuent la veue
De celle en qui tant de doulceur est veue,
Ce qui aduint, lors que parens estoient
Ou occupez, ou de la s'absentoient,
Car ce pendant ilz prenoient le loysir
De deuiser & parler à plaisir.

Vng iour choisy le temps bien conuenable,
L'vng de veoir l'aultre estoit insatiable,
Si que l'amour dans leurs cueurs imprimée
Sortoit dehors ne celant sa fumée,
Dont Piramus nauré d'vng coup fatal
De Cupido pour declarer son mal,
A celle en qui gisoit la medecine,
Par voix piteuse adonc il determine
De luy compter son mal, & reueler

Ce que son cueur luy deffend de celer,
Disant ainsi, O ma seule esperance
Tisbe, en qui i'ay mis ma confiance,
Non sans raison,telle est la renommée
De ta beaulté en tous lieux reclamée
Qui bruyt par tout les dieux auoir esté
Surpris d'amour de ta formosité
Qui toutes foys, par toy bien escoutez
De ton amour ont esté deboutez,
Et ie qui dieu ne suis aulcunement
Aymer te doibz bien plus euidemment:
Si à t'aymer les dieux sont ententifz
De ta beaulté estans contemplatifz,
A ma raison on doibt plus donner lieu
De t'aymer plus, puis que pas ne suis dieu,
Ie t'ayme donc, ie le puis confesser,
Mais mon amour augmente sans cesser,
Qui en langueur me retient sans recours
Si tu n'entendz de me donner secours,
Ie brusle & ars sans ma flamme restraindre
Seule en as tu le pouoir de l'estaindre,
Plus ie te voys, plus de te veoir i'appete
Et plein de dueil mon pauure cueur regrete
De n'aspirer au soulas pretendu,
Qui est par luy si long temps attendu,

Si te supply, o ma seule maistresse,
De consentir d'appaiser ma tristesse.
  A ce propos par l'amant proferé,
Respondre ainsi, Thisbe n'a differé,
Si nostre amour, encores iuuenile,
A commencé des l'aage puerile,
O Piramus, mon esperance toute,
Ce neantmoins reproche aulcun ne doubte,
Qu'on sceust mesler aux actes de ieunesse,
Pour deprimer de nous deux la noblesse,
En longue espace auons entretenu
Vng mesme cueur, sans qu'il soit aduenu
Embrassement, de noz deux voluntez,
Entre les corps par amour tormentez,
Fors puis bien peu (dire ne pourroye comme
Cela m'aduint) qu'vne ardeur me consomme
Pour ton amour, & te dis sans sainctise,
Que d'aultre aymer ie ne fus onc esprise,
Et si pour moy ton cueur martire endure,
Autant ou plus de torment au mien dure,
Qui iour ne nuict ne laisse reposer,
Le pauure esprit, ains me vient apposer
Mille trauaulx pour ta grande doulceur,
Doncques amy espere, & te tiens seur,
Que ie ne veulx à l'effect reculler

Qu'aduiserons pour noz cueurs consoler,
Mais par moy n'est le moyen aduisé,
Si n'est par toy prefix & deuisé.
 Oyant ainsi Piramus son amye,
N'eut la pensée à ce faict endormye,
Ains luy va dire, o Nymphe qui excede
Toutes beaultez, i'ay trouué le remede
Pour les trauaulx de nous deux supporter,
Au boys obscur nous conuient transporter
D'obscure nuict, lors que sommeil prendra
Tous noz affins, adonc il conuiendra
Songneusement pouruoir à cest affaire,
Et souefment de ce lieu nous distraire,
Et pour plus fort asseurer la rencontre,
Soubz le morier droict yrons, qui est contre
Vne fontaine, en ce lieu plein d'umbraige,
Si te diray du morier d'aduantaige
Qui est ioignant à la fontaine braue,
Ou Diana le plus souuent se laue,
De marbre blanc la fontaine est enclose,
Quant au morier, le fruict qui y repose,
De sa blancheur passe neige recente,
Et la saueur qu'il a, tresexcellente,
La yrons donc par ceste obscure nuict,
Il n'y a rien qui en cecy nous nuict,

LA FABLE DE PIRAMVS ET TISBE

Ouys ces motz Thisbé y consentit,
Dont quãd la nuict vng chascun d'eulx sentit,
Songneusement pour deliuré euader,
Nul d'eulx ne craint au peril se hazarder,
Thisbe se leué, & souefment euade,
Et Piramus à mesme faict se hazarde,
Vng serf pourtant qui lors ne dormoit pas,
A veu Tisbé aller le petit pas:
Mais il pensa, considerant son estre,
Estre Venus, ou Diana Siluestre.

Au lieu prefix Thisbe vint la premiere
La luné adonc espandoit sa lumiere,
Irradiant du boys l'obscurité,
Tout à l'entour de sa brune clairté,
Dont aisement sur l'arbré hault erigé
Fut de Thisbe le chemin dirigé,
La son amy Piramus attendoit,
Et au plaisir amoureux pretendoit,
Et cependant qu'ellé y faict son arrest,
Vng fier lyon de l'obscure forest,
Vient en ce lieu sanguinolent encores
Des animaulx qu'auoit deuorez ores,
Thisbé eut peur, & de course legiere
Fuyt du lyon la contenance fiere,
Loing se retiré, & soubz vng buisson vert

Large & espais mect son corps à couuert,
Ce fier lyon voyant le cœuurechef,
Qui en fuyant estoit cheut de son chef,
Sur l'herbe verte estant lors estendu,
La de son sang sanguinolent rendu,
Puis de ce lieu en fierté se depart.
 Vng peu apres suruient en ceste part
Le pauure amant, ayant à sa cincture,
Le glaiue yssu de la fabricature
De Vulcanus, que Mars luy presenta,
Mais le present cherement luy cousta,
De ca & la Piramus estendoit
Ses yeulx, pour veoir celle qui demandoit,
Puis en voyant le cœuurechef à terre
De son amye, il y accourut grand erre,
Quand il le veit teinct de sang, apparoistre,
Ha, dit il lors, facile est de cognoistre,
Que mon amye, en ce lieu retirée,
De quelque beste a esté deuorée,
Qui pour laisser de sa mort tesmoignaige,
Son cœuurechef a laissé sur l'herbaige,
O Dieulx puissans, pleins d'immortalité,
Que deuiendra ma sensualité?
O fol amant t'est il besoing de viure,
Quand tu ne puis de ton regard poursuyure?

Celle par qui auoir tu t'attendoys
Le fruict d'amours, auquel tu pretendoys?
O nuict obscure, o forest malheureuse,
Qui supporter nostre flamme amoureuse
N'as octroyé, ne ce bien nous permettre,
Ains as voulu du tout noz cueurs demettre
Des grans soulas qu'ilz auoient pretendus,
Dont maintenant ilz en sont suspendus,
O beste inique, en qui gist cruaulté,
Parquoy si tost mon seul bien m'as osté?
O cueur brutal, & sens yrraisonnable
De quoy te sert, o beste detestable,
D'auoir vng corps, à tous corps preferé,
Cruellement rompu, & deuoré?
Viens de rechef beste fiere & hideuse,
Et enuers moy soys aussi furieuse,
Comme vers celle en qui nulle deffense
As peu trouuer, n'aulcune resistence,
Ha Cupido, or cruel es tu bien,
Puis que tu m'as depourueu d'ung tel bien,
Helas Thisbé, or me suis ie tiré
Au lieu prefix, mais de toy esgaré
La mort me faict, dont ie suis conducteur,
Et le premier de ce mal inuenteur,
O lieu mortel, o place fortunée,

DV BANNI DE LIESSE. 102

Pour deux amans mettre à mort destinée,
Ha faulse que n'auoye ie preueu
Ce grand malheur dont ne suis despourueu?
Or suis ie bien plein de calamité:
Mais ce torment i'ay moymesme inuenté,
Quand le moyen ie suis & l'origine
Du mal de celle ou mon esprit encline,
Que deuiendray ie en ce grand desconfort?
Mourir me fault sans espoir de support,
Et ceste mort prinse patiemment,
Consolera l'esprit d'allegement.

Quand Piramus eut mys fin à ces termes
Auec son dueil il mesle pleurs & larmes,
Et de sa voix lamentable & piteuse

Faict resonner la forest vmbrageuse,
Et furieux en esprit insensé,
Du glaiue agu son corps a transpercé.
  Thisbé à lors qui d'illec s'absenta,
Pour le lyon qui tant l'espouuenta,
Vient en ce lieu ou Piramus expire,
Recentement, & encores souspire,
Ayant l'espoir d'amoureuse lyesse,
Pour imposer la fin à sa detresse:
Mais veu le corps nauré mortellement
A conuerty en piteux changement
Tout son espoir, remply d'incertitude,
Son cueur adonc gist en solicitude,
Et de fureur son esprit est saisi,
Qui desespoir pour tout bien a choisi,
Dont longue espace en ce lieu se pasma,
Puis en criant, tel propoz entama,
Ha mort cruelle, or m'as tu bien punie
Par cest effort duquel tu t'es munie,
Ayant du tout mon esperance ostée,
Dont ie pensoye estre reconfortée,
O brief confort, o inique fortune,
Qui variable es trop plus que la lune,
Quand tu consens que cil qui tant m'ayma,
Et qui ma grace & beaulté estima,

DV BANNI DE LIESSE

Soit mys à mort, dont ie suis inuentiue
Par ma beaulté grande, & inflammatiue,
Ha Cupido, or es tu bien vengé,
Quand à forfaict si grand tu t'es rengé,
Bien rude, helas en la vengeance es tu,
Puis qu'employé tu as si grand vertu
Pour te venger du refus que ie fiz,
A toy qu'on dict de Venus estre filz,
Certes bien grande est la vengeance tienne,
Mais digne n'est que iuste on la maintienne
Quand par effort vne pucelle mince
Se rend à toy qui d'amours es le prince
Ha Piramus, mon esperance vnique,
Absent de moy par flamme venerique,
Or es tu mort par tormens inhumains,
Qui as occis toy mesme par tes mains,
Pensant au vray qu'vne beste insensée,
Me deuorant, eut ma mort aduancée,
Ha doulx amy, or suis ie dessaisie
De tout espoir, puis qu'as la mort choisie,
De viure, helas, sans toy, plus ie n'attendz,
Ains à la mort comme toy ie pretendz,
Et ce cousteau fier & penetratif,
Du triste cueur sera vulneratif,
Priant aux Dieux qu'ilz facent vng miracle

Sur ce morier malheureux plein d'obstacle
A noz amours, si que le fruict qui passe
Toute blancheur noire couleur embrasse,
En tesmoignant du sang l'effusion
De deux amans, en grand confusion,
Et que ceste eau qui rend si doulx murmure,
De marbre blanc qui a viue closture,
Perdre son cours du beau son argentin,
Et le blanc marbre, en pris grand & haultin,
Deuienne noir, pour le malheur hydeux,
Prenant le tainct de ce sang de nous deux.
 En ce torment son amy regrettoit
Thisbe la belle, & tant se tormentoit,
Que d'ung vouloir fol, & desraisonnable,
Prend le cousteau qui fut tant dommageab
A Piramus, que par souspirs diuers
Il transpercea son corps tout au trauers,
Ce glaiue prins, & retiré du corps
De Piramus, elle se naure alors,
En l'estomach, de blancheur cristaline,
Qui deuient rouge, & puis elle decline,
Pres son amy gisant sur l'herbe verte,
Qui de leur sang estoit toute couuerte.
 Les dieux adonc en pitié conuertis
De deux amans par la mort departis,

Ont escoute de Thisbe l'oraison
De leur diuine, & cœleste maison:
Car tout soubdain le morier estrangea
Son fruict tout blanc, & en noir le changea,
Dont iusque icy des moriers toutes branches
Les meures sont noires, qui estoient blanches
Et la fontaine aussi de Diana
Perdit son cours, & plus de vigueur n'a,
Et le blanc marbre, en marbre noir deuint,
Depuis ce temps le marbre noir nous vint:
Car parauant il estoit bien aisé
Veoir marbre blanc, mais le noir mal aisé.

A ce trespas de tous costez se rendent
Nymphes des boys, qui ceste mort entendent
Pan en estoit le conducteur premier,
Qui son flaiol (dont estoit coustumier
De chanter vers en aubade rustique)
Rompit alors, & d'esprit fantastique,
Ces deux amans regretoit par ses vers
Lesquelz desia estoient cloz & couuers
En vng tumbeau, par nymphes fabriqué,
A y loger ces deux corps appliqué,
Toutes d'accord chantoient par armonie:
Mais ce n'estoit sinon querimonie,
Et si leur chant estoit plein de musique,

L'esprit estoit triste,& melancolique,
Finy l'accord,& les corps recueillis,
Et au tombeau piteulx ensepuelis
Pan se retire,& les nymphes emmeine
Et iusque icy dueil & tristesse en meine.

Sens moral.

Aymer est bon,voire bien ardemment
Par mariage,ou ce que Dieu commende,
Mais Piramus & Thisbe follement
En ont vse,nul est qui ne l'entende.

DV BANNI DE LIESSE 105

La fable du beau Narcissus amoureux de sa beaulté, dont il mourut : d'Ouide, traduicte, & amplifiée par le Banny de lyesse, natif d'yssouldun en Berry, escolier estudiát à Tholose.

    Iriope à Cephesus coniointe
L D'ung bel enfant iadis se veid encincte
    Duquel apres la beaulté corporelle,
Causa chaleur à mainte damoyselle,

O

De Narciſſus le nom luy fut donné,
Thireſias, par ſa mere ordonné,
Qui lors eſtoit grand deuin & augure,
Predeſtinoit ſa vie & mort future,
C'eſt aſſauoir de viure en longue vie,
S'il ne prenoit de veoir ſoymeſme enuie,
Ce qui aduint, iacoit que vaine & folle,
On eſtimaſt ceſte choſe & friuolle.
  Or ce pendant Narciſſus doulx & tendre,
Faiſoit le bruyt de ſa beaulté reſpandre,
En diuers lieux, dont mainte dame haultaine,
Ardoit du feu de la beaulté certaine
De Narciſſus qui d'exceſſif orgueil,
Les deboutoit de l'amoureux recueil,
Rien n'ayme lors, rien lors il ne pourchaſſe
Que le ſoulas & deduict de la chaſſe,
Ou pluſieurs foys par les vmbrageux boys
On euſt ouy de ſes chiens les aboys
Ou le ſuyuoient (de ſon amour eſpriſes)
Nymphes, cuidans l'amollir par ſurpriſes.
  Vng iour le veid au boys, Echo la belle,
Saige iadis, & prudente pucelle,
Qui n'eſt plus rien que ſon en grec langaige,
Et toutesfois elle auoit lors vſaige
De mieulx parler, qu'il ne luy eſt permis

Car ce pouuoir Iuno luy a demis:
Mais si de soy à parler ne commence,
De resumer elle a bien la puissance,
La fin du mot qui est de voix yssu:
Car quand Iuno deesse eut apperceu,
Que son espoux (en bien grand vitupere)
Alloit priant les nymphes d'adultere,
Delibera de vacquer & entendre,
Pour sur le faict cuider nymphes surprendre,
En quoy luy fut la belle Echo nuisante:
Car quand Iuno prochassoit son attente,
D'apprehender soubz les verdz cabinetz,
Nymphes des boys, qui soubz les buyssonnetz
Prenoient l'esbat (auec son Iuppiter)
Du fruict d'amours, pour Iuno despiter,
Echo adonc de sa garrulité,
Tenoit l'effect de Iuno irrité,
Dont accomply venerique plaisir,
Nymphes auoient d'eschapper bon loysir.

O ii

Iuno voyant luy estre faict iniure,
Dict à Echo, en fureur, ie te iure
Que desormais le babil inuasible
De ton parler ne me sera nuysible:
Car ton harengue eloquente & diserte
Est le moyen de ma douleur aperte,
Adonc Iuno (par son diuin pouoir)
Feit à Echo plus brief langaige auoir:
Car oncques puis n'a chose prononcée,
Si elle n'est par aultruy commencée,
Et qui plus est rien elle ne refere,
Que le dernier mot de ce qu'on profere,
Sentant encor le babil qui iadis,
Fut annexé à sa voix, & ses dictz

Doncques Echo contemplant Narcissus,
De la beaulté duquel estoient yssus
Tant de rapportz, son vouloir point ne châge,
Ain à son bruyt donne plus de louenge,
Si le poursuyt par maint boys, & vallée,
Rien ne cherchant que d'estre consolée
Par Narcissus, pour tollir son angoisse,
Tendant au don d'amoureuse lyesse,
Son cueur est plein d'ung amoureux torment,
Quand il ne puist auoir commencement
De prononcer par sa voix le martire,
Qu'il souffre à tort, pour ne le pouoir dire.
 D'aultre costé Narcissus se promeine
Au boys obscur, en merueilleuse peine,
Comme celuy qui estoit esgaré
En la forest, & des siens separé,
Il crie, il bruyt, affin qu'en toutes pars
Feussent ses crys, & ses clameurs espars,
Nul ne respond fors Echo qui disoit,
Le dernier mot de ce qu'il predisoit,
Souffrant grand dueil de n'auoir le credit
Que son torment entier peust estre dict,
Plus elle veoit Narcissus, plus elle ayme,
Voire bien plus qu'elle ne faict soymesme.
 Quand Narcissus d'Echo la voix entend

O iii

Il s'sbahist, comme cil qui pretend
De veoir que c'est, & plus il se tormente
De la cognoistre, & plus il s'en exempte:
Dont Narcissus estant en tel meschef
Parle plus hault, en disant de rechef,
Assemblons nous, o voix que ie desire,
A quoy tient il qu'a moy ne te retire?
 La belle Echo n'auoit aultre chanson
Que de sa voix respondre au dernier son,
Dont Narcissus eut si triste courage
Qu'il delaissa par courroux cest vmbrage
Habandonnant la forest tenebreuse:
Adonc Echo d'amours trop furieuse
Laisse les boys, & du feu qui l'enflamme
Suyt Narcissus, pour appaiser sa flamme,
Pensant au vray au poinct le retirer
Et au plaisir pretendu aspirer,
Ce que voyant Narcissus precellent
De grand beaulté sur tout aultre excellent,
De beau maintien & corporelle grace
Qui les beaultez corporelles efface,
Enflé d'orgueil ne daigna seulement
Faire à Echo vng seul contentement,
Ains luy va dire, enclin si fort ne suis
Pour octroyer le don que tu poursuys.

Oyant ces motz la belle Echo dolente
Souffroit au cueur peine trop vehemente,
Et n'eut pouoir vng seul mot luy respondre
Fors le dernier, parquoy honteuse en l'vmbre
Se retira, ou en grand fermeté
A Narcissus preserua loyaulté,
Et par amour dont la flamme elle sent
Tousiours en fosse ou vallée descend,
Ou toutesfois le feu qui l'assomma
L'humidité de son corps consomma,
Si que ses os tant les gros que menus
Sont par ce feu en pierres deuenus
Et à Echo dolente & esplorée,
Chose aultre n'est que sa voix demeurée
Le son d'icelle a perpetuité,
Mais tout le reste est plein de nullité
Ouyr le son d'Echo bien est possible,
Mais de la veoir & trouuer impossible.

 Or Narcissus qui aux bestes sauluages
Chassoit vng iour par les boys pleins d'ũbrages,
Las de courir cherchant allegement
A son trauail pour prendre esbatement,
Et par fortune à son mal destinée
Au lieu se rend & place infortunée
Ou il contemple vne fontaine illustre

Qui à ce lieu donnoit splendeur & lustre,
Claire estoit l'eau, sans lymon, sans ordure,
Car le sablon qui apparoist or, dure,
Tout à l'entour d'arbre circuite elle est,
Si que Phœbus faire n'y peut arrest,
Et n'y a beste en ce lieu qui suruienne
Dont l'eau se change & trouble en deuienne.
 Narcissus donc desirant reposer
Vient en ce lieu pour sa soif appaiser,
Mais Cupido l'enfant delicieux
Luy feit sentir son arc pernicieux,
Luy preparant soubdain vng tel bruuage
Que sa soif grande augmenta d'auantage,
La Cupido le dieu puissant & fort
A Narcissus monstra bien son effort,
Dont il cogneut son bruict authorisé
Que par orgueil auoit tant desprisé,
Car approchant de l'eau resplendissante
Sa face il veoit merueilleuse & fulgente,
Dont tout rauy & furieux deuient,
Pensant que c'est, dame qui la suruient
Pour son amour, adonc par son ymage
Entrer commence en l'amoureuse rage
Comme inexpert & qui n'auoit cogneuz
Les ieulx d'amours, ne le feu de Venus,

DV BANNI DE LIESSE 109

Plus il se veoit, plus se veoir il s'efforce,
Mais plus il sent de Cupido la force,
A ce qu'il faict de geste corporel,
L'vmbre y respond en faisant le pareil,
Plus pres il est, plus pres son vmbre approche,
Aduis luy est qu'ouurir vueille sa bouche,
Et bien souuent pour son torment cesser,
Il baise l'eau pour l'ymage embrasser,
Brief, il ne peut s'eslongner quoy qu'il face
De son regard & malheureuse place,
Boire ne peut, à manger il ne pense
Et du dormir il perd la souuenance.
 Ainsi nauré du dard penetratif
De Cupido, qui fut vindicatif,
Le fol amant qui gisoit estendu
Se releua, & puis a respandu
Par la forest ceste voix lamentable:
O dieux puissantz, que ce iour miserable
M'est aduenu, quand en ceste fontaine
Enfant ie voys de beaulté souueraine,
Baiser le veulx, mais l'eau qui me decoit
Au lieu de luy ce mien baiser recoit,
Et peu s'en fault, ainsi comme il me semble
Que n'approchons noz deux bouches ēsemble.
O bel enfant gracieux viens à moy,

LA FABLE DV BEAV NARCISSVS

Prendz le vouloir de me mettre hors desmoy
O bel enfant, puis que ne te puis veoir
Ne vueille, helas, ainsi me decepuoir,
Viens donc à moy, car onc ie n'apperceu
D'auoir esté, sinon par toy deceu,
Grace & beaulté font en moy leur demeure,
Et aage en moy conuenable demeure :
I'ay contemné l'amour de mainte dame,
Oncques rauy fors de toy ne fus d'ame,
Tu as mon cueur de flamme penetré
Par le maintien que tu m'as demonstré,
Car quand vers toy sont mes deux bras tendu
Les tiens aussi vers moy sont estendus
Dont m'est aduis que pour me consoler
Tu as vouloir de mon corps accoller,
Et si ie ris, soubdain te prendz à rire,
Et si ie plore à plorer tu te tire,
Tout mon maintien à ton geste ressemble
Qui est si beau que mon amour il emble,
Et quand ie parle est ta bouche desclose,
Mais ie n'en puis ouyr aulcune chose,
Deceu ie suis d'amour & de follie,
L'vne de dueil, & tristesse me lie,
L'aultre me faict scauoir que par moymesme
Ie seuffre vng mal plein de torment extreme,

Ma forme, helas, en ce ne ment point,
Qui sans cesser mon las cueur bruslé & poingt,
Ma propre main le vif brandon allume,
Dont elle brusle vng cueur plein d'amertume,
Le reclamant, ie suis & reclamé,
Ie suis l'amant, ie suis aussi l'aymé,
Le requerant, & aussi le requis,
Et i'ay en moy, ce qui par moy est quis,
I'ay don en moy, qui d'autant qu'il excede,
D'autant il nuict à cil qui le possede
Dont il conuient, pour la fin imposer,
A mes trauaulx, à mort me disposer,
Qui me seroit beaucoup plus aggreable,
Si à celuy qui m'est tant acceptable,
De viure plus, que moy, fortune ordonne,
S'ainsi aduient, la mort plus ne m'estonne,
Pour luy ie m'ayme, & ie m'hays aussi,
Pour luy i'ay dueil, pour luy ie suis transsi,
Pour faire donc la douleur amortie,
D'ung mesme accord, nous ferons departie
D'ung mesme esprit, par vng mal incurable,
Qui causera à deux la mort semblable.
 En ces regretz en l'eau ses yeulx bessa,
Pour se reueoir, dont plus fort commença
A lamenter, car de ses pleurs, obscure

Il rendit l'eaue, qui estoit claire, & pure,
Dont il ne veoit l'umbre plus apparoistre,
Ce qui son dueil feit augmenter & croistre,
Ha, dist il lors, ymaige deceptiue,
Qui de mon cueur estant inflammatiue,
Pourquoy me fuys, au lieu de secourir,
En me donnant le conseil de mourir?
Pourquoy de luy ta personne s'absente,
Qui luy est plus que la sienne plaisante?
Si aultre don ie ne puis recepuoir,
Ne me reffuse aumoins de te reueoir.

Ces motz finis Narcissus par grand yre
Rompt ses habitz, par fureur qui empire,

Naure sa chair, tendre, nayue, & franche,
Qui beaucoup plus que la neige estoit blanche
Son estomach, d'ung coup trop violent,
Qui blanc estoit, deuint sanguinolent,
Et en ce dueil, sur l'eaue desia rassise,
Le triste amant auoit sa veue assise,
Voyant encor la face si mal née,
Qui luy auoit la mort predestinée,
Douleur adonc la douleur renouuelle,
Et à fureur se ioinct fureur nouuelle,
Dont empallist incontinent sa face,
Et son cueur fond, ainsi qu'au feu la glace,
Ou tout ainsi que neige descendue,
Interuenant, le soleil est fondue,
Il perd sa grace ou fut tant de valeur,
De luy s'en fuyt la vermeille couleur,
Et ce pendant qu'il gemist & lamente,
La triste Echo luy est correspondante,
Combien qu'elle ayt memoire du reffus.
  Luy de torment, & angoisse confus,
Sur l'herbe verte, en criant s'enclina,
Et pour s'aymer luy mesme declina,
Dont maintenant au regne plutonique,
Martyre esgal à sa vie on applicque,
Tousiours il veoit sa face claire, & blonde,

LA FABLE DV BEAV NARCISSVS

En l'eaue de Stix fort obscure & profonde.
Nymphes adonc, les seurs du fol amant,
Apres sa mort, feirent vng monument,
Pour y loger en digne sepulture,
Le triste corps par cruelle aduenture:
Mais le labeur & la peine subtile
De le trouuer, fut vaine & inutile,
Car en fleur iaulne estoit lors conuerty,
Et a la fleur son nom ia departy.

Sens moral.

Voila comment à Narcissus est pris
Pour s'aymer trop, crains dõc que tu luy semble
De corps mortel, ne soys si fort surpris,
Que d'auec Dieu l'esprit se desassemble.

Fin des deux Fables d'Ouide en sa methamorphose: l'une de Piramus & Thisbe: l'aultre du beau Narcissus, traduictes par le Banny de lyesse, escollier estudiant à Tholose, & amplifiées de son inuention.

Egloge sur l'aduenement de Iesuchrist, Bergers, Colinet, & Robinet: par luy presentée à monsieur le Protenotaire de Chastellus, Abbé de la Roche, nepueu de messire Marc Legroin, lors preuost de l'hostel.

Colinet commence.

OR obinet, puis que le froid automne
Est ia passé, mon cueur plus ne s'estonne,
Tous arbrisseaulx qu'ilz auoit deuestus,
Sont par Flora la déesse vestus,

Et Boreas plein de frigidité,
Par Aeolus en prison est iecté,
Mais Zephirus qui si doulcement vente,
Faict ma pensée, & paisible, & contente,
Et noz trouppeaulx dessus ceste verdure
Deuiennent gras, trouuans assez pasture
Dont suis contrainct tirer de ma houlette,
Mon chalumeau, ma tant doulce musette,
Et resonner en egloge rustique
Le grand pouuoir de Cæsar deifique,
Car c'est luy seul qui me donne l'usaige,
Et a permis soubz ce beau pasturaige,
Paistre mes bœufz, aygneaulx, & brebiettes
Et d'y construire, & cases, & logettes,
Pour les cacher lors qu'a la nuict se rendent,
Et que du ciel les estoilles descendent:
O Robinet, Cæsar donc mon seul Dieu
Ma conferé ce grand bien en ce lieu,
Dieu ie le dis, & aultre ie n'estime,
Lequel ie doibue appeller Dieu sans crime.

Robinet.

Non sans raison, O gentil Colinet,
Ie t'auoye quis tout ce beau matinet,

Pour t'aduertir des choses les plus belles
Qui peurent onc venir à noz aureilles,
Long temps ya que i'en ay cognoissance,
Et le vouloir de t'e faire asseurance:
Car puis le temps que cela i'ay cogneu,
A mes troppeaulx meschef n'est aduenu,
Soit aux prins temps, soit aussi en l'hiuer,
Sur mes brebis n'ay veu mal arriuer,
Ains, sans danger, dedans ma maisonnette,
Et hors d'icelle, estant sur l'herbe verte,
Ay proclamé mainte chanson nouuelle
Louant ce Dieu qui tous les Dieux excelle,
Certes à luy du tout ie me veulx rendre,
Et mes troppeaulx de luy tenir & prendre.

Colinet.

Comment amy Robinet penses tu
Vne aultre Dieu qui ayt plus de vertu
Que n'a Cæsar, seul Empereur de Rome,
Gubernateur sur le peuple, ainsi comme
Maistre ie suis de ces troppeaulx petis,
Qui vont errans repaistre en ces pastis?
Point ie ne croy que tu puisses nommer
Vng aultre Dieu, que plus on doibue aymer.

P

EGLOGVE

Robinet.

A Colinet si ce Dieu comme moy
Tu cognoissoys, tu seroys en esmoy
Plus amplement sa noblesse cognoistre,
Et laisseroys, sans conducteur, repaistre
Aigneaulx errans, pour aller au sainct temple
Où de ce Dieu la figure on contemple,
Cæsar n'est rien, fors vng homme terrestre,
Ne plus ne moins que toy Berger champestre
Par dessus luy ce Dieu que ie t'ay dict,
Est tout puissant, & a plus de credit,
Car c'est luy seul qui gouuerne la terre,
Le ciel aussi, & qui faict le tonnerre
Espouentant le couraige des hommes,
C'est luy qui faict sur noz pommiers les pomes
Croistre, & venir à leur maturité,
C'est luy qui faict par son auctorité
Cueurs assembler qui sont desassemblez,
Et le danger separe de noz bledz,
Donnant la pluye ou il est necessaire,
Le chault, le froid, quand en auons affaire,
Le bon Thenot mon pere que cognois,
Lors qu'il me veid auoir laissé les noix,
Et les petis actes de mon enfance,

De ce Dieu grand me donna demonstrance,
Dont i'en ay faict à maint Berger le compte,

Colinet.

Ie te supply le tout au vray racompté,
Puis que tu as o gentil Robinet
Ample loisir soubz ce verd cabinet,
Et que brebis, dont nous sçauons le nombre,
Ont grand plaisir de ruminer en l'umbre.

Robinet.

Plus grand desir ne m'a prins ie te iure,
A escouter mectz donc labeur & cure:
Car tu orras par moy la verité
De ce Dieu grand que ie t'ay recité,
Doncques Thenot iadis Berger mon pere
Me feit aymer ce Dieu qui tout tempere,
Voyant desia mon iuuenil couraige
Semer les champs, aymer le labouraige,
Et bien souuent ma pleume aux vers s'estédre
Maint œuure aussi bucolicque entreprendre,
Robin, dist lors ce bon vieillard chenu,
Puis que tu es en l'aage peruenu,

EGLOGVE

Ou te conuient comprendre la notice
Que c'est du bien, que c'est aussi de vice,
Et que te voys assez estre capable,
Pour gouuerner ce beau lieu laborable,
Auquel ne puis vacquer par long seiours,
Voyant la fin approcher de mes iours,
Escoute donc, o Robinet escoute,
Ce qu'il ne fault plus reuocquer en doubte,
C'est du vray Dieu qui d'estre ca bas né
De Dieu son pere a esté destiné,
Celuy n'est pas qui Iuppiter a nom,
Mars, ne Phœbus, ne Faunus aussi non,
Pan n'est il pas, Mercure, ne Ianus,
Par ygnorans iadis dieux maintenus,
Ains est vng Dieu tout puissant & vnique,
Fabricateur du grand throsne cœlique,
Le possesseur de ce royal dommaine,
Ou chose ya aux humains incertaine,
C'est le secret qu'œil humain ne puist veoir,
N'aureille d'homme entendre & percepuoir
C'est les secretz qui ne peuuent monter
En cueur humain pour les interpreter,
C'est luy, Robin, qui regist les planetes,
C'est luy duquel ont chanté les Prophetes,
Naistre on la veu, doncques les Propheties

Ont trouué lieu, & la sont accomplies,
Car des long temps estoit vaticiné,
Qu'en Bethléem ce Dieu predestiné
Seroit yssant d'ung ventre Virginal
Pour nous sauluer, ie dis en general,
Dont il est né du ventre immaculé
Pour le salut de l'homme maculé,
De Pernasus de la montaigne Idée
Venoient Bergers, pour le veoir, en Iudée:
Et moy aussi qui ieune alors estoye
Pour l'adorer d'icy m'y transportoye,
Ou ie le veids, auecques la pucelle,
Qui l'allectoit de sa tendre mammelle,
C'est ceste Vierge (affin que tu le scache)
Qui l'a conceu sans macule & sans tache,
Noire elle estoit, i'en ay bien souuenance,
Mais sa beaulté meritoit excellence,
Ie veis aussi troys Roys qui d'Orient
Estoient venuz veoir l'enfant or riant
Pour l'adorer, le premier ordonna
De myrre vng don, le second or donna,
Le tiers encens, & par eulx adoré
En son pays chascun s'est retiré,
Et moy pauuret voyant l'enfant si beau,
Luy presentay pour don mon chalumeau

P iii

EGLOGVE

Que le Dieu Pan sur son hault mont Archade
M'auoit donné pour chanter mainte aubade
Il eut aussi de moy vng aignellet
Prins & choisi dedens mon trouppellet
Et maint beau fruict de nostre pommier tendre
Que i'auoye bien de l'hyuer sceu deffendre,
Tiens Robinet, mes dictz chose certaine,
Et que celuy est Dieu qui tout gouuerne,
C'est le facteur du monde, c'est le chef
Qui a gardé noz brebis de meschef:
Car parauant certes ie ne pouoye
Quatre brebis, en santé, mettre en voye,
De iour en iour le farsin, ou le tac
Les prochassoit, en les mettant à sac,
Et la corneille en son cry & murmure
Nous predisoit quelque sinistre augure:
Mais maintenant ce Dieu grand & parfaict
Croistre noz biens incessamment a faict,
Doncques, Robin, ce Dieu que ie te nomme
C'est Iesuchrist, Dieu est, & si est homme:
Car il a mis auec l'humanité
Pour nous saulver, ceste diuinité,
Et soubz Pilate il fut crucifié,
Lassus au Ciel son nom clarifié
Et de son pere assis à la main dextre

Le sainct esprit estant à la senestre:
Mais croire fault que ceste trinité
Est annexée,& ioincte en vnité,
Et l'unité en trinité est close,
Et trinité en vnité repose,
Qui ne croira doncques en ceste loy,
Et n'y vouldra mourir en ferme foy,
(Laquelle foy sans œuures est estaincte)
Pour luy sera l'infernal laberinthe
Ou souffrira sans estre consommé,
Et sans que Dieu par luy soit reclamé:
Mais qui vouldra ce dieu suyure,au contraire,
Et de son nom iamais ne se distraire,
Puissance aura faire sortir dehors
Malingz espris,& les dyables des corps,
Il parlera aussi nouueau langaige,
Et s'il a beu mortifere bruuaige
Aulcunement cela ne luy puist nuire
Si ferme foy le faict à Dieu reduire.

    Le bon vieillard ainsi me racomptoit
O Colinet,& se reconfortoit,
A m'enseigner ceste bonne doctrine
Ou maintenant chascun bergier encline,
Vng peu apres par l'effort de vieillesse
Il me laissa,auec ceste richesse

EGLOGVE

Que tu me voys qui iour en iour profite
Quant à ce Dieu ma penſée eſt conduicte,
Colinet.
O Robinet, certainement ie croys
Eſtre ce Dieu qui pendit en la croix
Qui annoncé fut par voix angelique
Aux paſtoreaulx de terre iudaique,
De ce m'auoit bien aduerty Ianot,
Georget auſſi, & mon oncle Thenot,
Mais ie n'auoye onc en cueur penſé
Que ſur Ceſar vng Dieu fut aduancé,
Tes vers haultains qui ont ſi grand vertu,
Ce mien propoz premier ont abbatu,
Doubtant ſi c'eſt ou ce Dieu qui m'inſpire
Ou ton harengue à cela qui m'attire,
Ce neantmoins tu te puis aſſeurer
Qu'ung aultre Dieu ie ne veulx adorer
De luy voulant tous mes trouppeaulx tenir
Et Dieu ſur tous ſouuerain maintenir,
Ie l'aymeray, ie me traſporteray,
En ſon ſainct temple ou ie l'adoreray,
En cueur parfaict, ſur ſon autel ſacré
Pour luy ſera mon preſent conſacré,
Vng tendre aigneau, de fleurs vng chappellet
Par moy cueilly en ce lieu verdellet,

Dis moy, Robin, de l'offre qu'il te semble?
Robinet.
Amy Colin, nous deux irons ensemble,
Car de ma part auec ma cornemuse
Iray chantant de luy la grace infuse,
Luy dediant ma muse poëtique
Et chanteray l'oraison dominique,
Disant ainsi, O pere supernel
Sanctifié soit ton nom æternel,
Ton regne aduienne, & ton vouloir se face
En terre ainsi qu'en la cœleste place,
Et ce iourdhuy ne nous reffuse pas
Le pain qui est l'ordinaire repas,
Tous noz pechez par toy nous soient remys
Comme voulons aymer noz ennemys,
Et ne permetz que nous soyons tentez
De l'ennemy, ains de mal exemptez,
Voila comment, o Colin il fault faire
En ce sainct temple, & à dieu satisfaire.
Colin.
Amy Robin, i'ay matiere & raison
De retenir ceste belle oraison,
Et comme toy dans ce beau temple sacre
La chanteray deuant le simulacre
De ce Dieu grand, ou i'ay mis mon attente

Par la vertu de ta voix eloquente:
Mais en tenant ces beaux propos menus
L'obscurité ia nous a preuenus,
En ce vouloir qui est bien commencé,
Retirons nous: car le iour est passé.

Cy finist l'Eglogue du Banny de Iyesse.

Venez à moy desconfort & tristesse
Puis que ie suis le Banny de Iyesse.

Estreines qu'il enuoya à monsieur le grand vicaire de Beauuoir & aux damoyselles circonuoisines au pays de la Marche.

A monsieur le grand vicaire de Beauuoir.

Monseigneur le grand vicaire
Ie differe
Pour petit vous estrainer,
Mais santé vous veulx donner
Qui prospere.

A madame Gilberte guerin dame de Villebouche.

Madame de Villebouche
Ronde bouche
Florist en sens & beaulté
Ie la vouldroye cest esté
Veoir en couche.

LES ESTREINES
Madame de Beauuoir.

Pour madame de Beauuoir
Bien pourueoir,
Ie dictz qu'ellɇ a tant de grace
Qu'il la faict en toute place
Tresbeau veoir.

Madamoyselle de Chassincourt.

Vostrɇ entretien de la court
Chassincourt,
Vostre beaulté fort augmente,
Il vous faict trouuer prudente
Tant il court.

A madamoyselle de Crozet.

Apelles se paintre sage
En ouurage
Ne trouuast Venus si belle
S'il vous veist ma damoyselle
Au visage.

Le Crozet sa fille.

Ceste beaulté qui vous croist,
Apparoist,
Mais faictes que la prudence
Face en beaulté d'excellence
Son arrest.

Madamoyselle d'Aubepere.

Damoyselle d'Aubepere
Ie n'espere
A vostre oncle me lier,
Si vous n'en voulez prier
Vostre pere.

De elle encores.

Aubepere au doulx regard,
Dieu vous gard,
Vostre grand beaulté d'estime
Ne peut auoir qu'vne rime
De ma part.

Fin des estreines du Banny de Iyesse.

L'EPITAPHE

Epitaphe sur le trespas des trois barons.

TRois d'ung estat, d'ung pays, d'ung cou-
rage,
Tous trois voulans par loyal mariage
Prendre party selon leur dignité,
Tous trois veuus en poste en la cité
Pour achapter les habitz nuptiaulx,
Tous trois voulans enrichir de ioyaulx
Celle beaulté qui leur estoit promise,
Tous trois faisans vne mesme entreprise,
Tous trois estans en leur fleur de ieunesse,
Tous trois vaillans, hardis, pleins de prouesse,
Tous trois logez en vne hostellerie,
Tous trois ayans droict de grand seigneurie
D'ung mesme nom, tous trois d'antique rasse,
Tous trois scauans, remplis de bonne grace,
Tous trois couchez dedans vng mesme lict
La fiere mort, laquelle prend delit
De destourner tousiours quelque bon faict
Les a tous trois d'ung mesme coup deffaict
Et les a mis tous trois en vng moment

Prestz à loger dedans vng monument:
Mais (o lecteurs) la piteuse deffaicte
Qui a esté de ces troys Barons faicte,
C'est, qu'eulx couchez pour prendre leur repos
Sur la minuyct, qui est le temps dispos
A faire mal Atropos la cruelle,
Voyant l'accord, & l'amour fraternelle,
L'honneur, le bien, & la ioyeuse vie
De ces troys cy, toute pleine d'enuie
Et de despit, voyant le temps bien noir
Faict trebucher le logis & manoir
Ou ilz estoient logez pour celle nuict,
Adonc leurs corps qui n'auoient oncques nuit,
Par grand malheur furent soubdain brisez,
O vous lecteurs qui ceste mort lisez,
N'est elle pas cruelle & pitoyable?
Auez vous leu aultresfoys la semblable?
Ie croy que non, car de mesme facon
Ilz ont vescu & payé leur rancon
En mesme temps, & en vng mesme instant,
Fort approchant du beau & gay prin temps,
L'heur, & malheur, la vie, & le trespas:
Mais il nous fault estimer sur ce pas
Que Dieu voyant ceste bonne alliance,
Voyant aussi la terrible vengeance

Que mort auoit de ses ieunes gens pris
Il a es cieulx retiré leurs espritz,
Et tout ainsi que dessoubz vne lame
Sont les trois corps, pareillement leurs ames
Mises au ciel à perpetuité
Pour rendre honneur à l'haulte trinité.

F I N.

Patere aut abstine.   Nul ne si frotte.

www.ingramcontent.com/pod-product-compliance
Lightning Source LLC
Chambersburg PA
CBHW051912160426
43198CB00012B/1865